大方廣佛華嚴經 讀誦

13

🌸 일러두기

1. 『독송본 한문·한글역 대방광불화엄경』은 실차난타가 한역(695~699)한 80권 『대방광불화엄경』의 한문 원문과 한글역을 함께 수록한 것이다. 한문에는 음사와 현토를 부기하였다.

2. 원문의 저본은 고종 2년(1865) 월정사에서 인경한 고려대장경 『대방광불화엄경』에 한암 스님이 현토(1949년)한 것을 범룡 스님이 영인 출판(1990년)한 『대방광불화엄경』이다.

3. 한문은 저본에서 누락되었거나 글자가 다르다고 판단된 부분은 저본인 고려대장경 각권의 말미에 교감되어 있는 내용을 중심으로 하고 봉은사판 『대방광불화엄경수소연의초』와 신수대장경 각주에서 밝힌 교감본을 참조하여 보입하고 수정하였다.

4. 한글 번역은 동국역경원에서 발간한 한글 『대방광불화엄경』(운허)을 중심으로 하고 『신화엄경합론』(탄허)과 『대방광불화엄경 강설』(여천무비) 그리고 최근의 여타 번역본 등을 참조하였다.

5. 저본의 원문에서 이체자의 경우 흔글이 제공하는 이체자는 그대로 살리고 흔글이 제공하지 않는 글자는 통용되는 정자로 바꾸었다. 예) 間 → 閒 / 焔 → 餤 / 官 → 宮 / 偁 → 稱

6. 한글 번역은 독송과 사경을 위하여 정확성과 아울러 가독성을 고려하였다. 극존칭은 부처님과 불경계에 대해서만 사용하였다.

7. 독송본의 차례는 일러두기 → 본문 → 화엄경 목차 → 간행사의 순차이다.
   (법공양판에는 간행사 다음에 간행불사 동참자를 밝혀 두었다.)

8. 독송본의 한글역은 사경의 편의를 도모하기 위해 그 편집을 달리하여 『사경본 한글역 대방광불화엄경』으로 함께 간행한다. 독송본과 사경본 모두 80권 『대방광불화엄경』의 권별 목차 순으로 간행한다.

독송본 한문·한글역

대방광불화엄경 제13권
大方廣佛華嚴經 卷第十三

9. 광명각품
光明覺品 第九

10. 보살문명품
菩薩問明品 第十

실차난타 한역
수미해주 한글역

13

대방광불화엄경 제13권 변상도

대방광불화엄경
제13권

9. 광명각품

대방광불화엄경 권제십삼
大方廣佛華嚴經　卷第十三

광명각품　제구
光明覺品　第九

이시　세존　종양족륜하　방백억광명　　조
爾時에 世尊이 從兩足輪下로 放百億光明하사 照

차 삼 천 대 천 세 계　백 억 염 부 제　백 억 불 바
此三千大千世界의 百億閻浮提와 百億弗婆

제　백억구야니　백억울단월　백억대해
提와 百億瞿耶尼와 百億鬱單越과 百億大海와

백억윤위산　백억보살수생　백억보살출가
百億輪圍山과 百億菩薩受生과 百億菩薩出家와

대방광불화엄경 제13권

9. 광명각품

그때에 세존께서 두 발바닥으로부터 백억 광명을 놓으셔서 이 삼천대천세계의 백억 염부제와 백억 불바제와 백억 구야니와 백억 울단월과 백억 대해와 백억 윤위산과 백억 보살의 태어남과 백억 보살의 출가와 백억 여래의 정각을 이루심과 백억 여래의 법륜을 굴리심과

백억여래성정각　　백억여래전법륜　　백억여
百億如來成正覺과　**百億如來轉法輪**과　**百億如**

래입열반　　백억수미산왕　　백억사천왕중
來入涅槃과　**百億須彌山王**과　**百億四天王衆**

천　　백억삼십삼천　　백억야마천　　백억도솔
天과　**百億三十三天**과　**百億夜摩天**과　**百億兜率**

천　　백억화락천　　백억타화자재천　　백억범중
天과　**百億化樂天**과　**百億他化自在天**과　**百億梵衆**

천　　백억광음천　　백억변정천　　백억광과천
天과　**百億光音天**과　**百億徧淨天**과　**百億廣果天**과

백억색구경천　　기중소유　　실개명현
百億色究竟天하사　**其中所有**가　**悉皆明現**하니라

여차처　　견불세존　　좌연화장사자지좌
如此處에　**見佛世尊**이　**坐蓮華藏師子之座**어시든

십불찰미진수보살　　소공위요　　기백억염
十佛刹微塵數菩薩의　**所共圍遶**하야　**其百億閻**

백억 여래의 열반에 드심과 백억 수미산왕과 백억 사천왕중천과 백억 삼십삼천과 백억 야마천과 백억 도솔천과 백억 화락천과 백억 타화자재천과 백억 범중천과 백억 광음천과 백억 변정천과 백억 광과천과 백억 색구경천을 비추시니, 그 가운데 있는 것이 모두 다 분명하게 나타났다.

이곳에서 부처님 세존께서 연화장 사자좌에 앉으셨는데 열 부처님 세계 미진수의 보살들에게 함께 둘러싸여 계시는 것을 보는 것과 같이, 그 백억 염부제 가운데 백억 여래께서도 또한 이와 같이 앉으셨다.

부제중　백억여래　역여시좌
浮提中에 百億如來도 亦如是坐하시니라

실이불신력고　시방각유일대보살　일일각
悉以佛神力故로 十方各有一大菩薩이 一一各

여십불찰미진수제보살　구　내예불소
與十佛刹微塵數諸菩薩로 俱하야 來詣佛所하시니라

기명왈문수사리보살　각수보살　재수보살
其名曰文殊師利菩薩과 覺首菩薩과 財首菩薩과

보수보살　공덕수보살　목수보살　정진수
寶首菩薩과 功德首菩薩과 目首菩薩과 精進首

보살　법수보살　지수보살　현수보살
菩薩과 法首菩薩과 智首菩薩과 賢首菩薩이니라

시제보살　소종래국　소위금색세계　묘색
是諸菩薩이 所從來國은 所謂金色世界와 妙色

세계　연화색세계　담복화색세계　우발라
世界와 蓮華色世界와 薝蔔華色世界와 優鉢羅

모두 부처님의 위신력으로 시방에 각각 한 큰 보살이 있고, 낱낱 보살이 각각 열 부처님 세계 미진수의 모든 보살들과 함께 부처님 처소에 나아갔다.

그 이름은 문수사리 보살과 각수 보살과 재수 보살과 보수 보살과 공덕수 보살과 목수 보살과 정진수 보살과 법수 보살과 지수 보살과 현수 보살이었다.

이 모든 보살들이 좇아온 바 국토는 이른바 금색세계와 묘색세계와 연화색세계와 담복화색세계와 우발라화색세계와 금색세계와 보색세계와 금강색세계와 파려색세계와 평등색세

화색세계 금색세계 보색세계 금강색세
華色世界와 金色世界와 寶色世界와 金剛色世

계 파려색세계 평등색세계
界와 玻瓈色世界와 平等色世界라

차제보살 각어불소 정수범행 소위부
此諸菩薩이 各於佛所에 淨修梵行하시니 所謂不

동지불 무애지불 해탈지불 위의지불
動智佛과 無礙智佛과 解脫智佛과 威儀智佛과

명상지불 구경지불 최승지불 자재지
明相智佛과 究竟智佛과 最勝智佛과 自在智

불 범지불 관찰지불
佛과 梵智佛과 觀察智佛이시니라

이시 일체처문수사리보살 각어불소 동
爾時에 一切處文殊師利菩薩이 各於佛所에 同

시발성 설차송언
時發聲하야 說此頌言하니라

계였다.

이 모든 보살들이 각각 부처님 처소에서 범행을 깨끗이 닦았으니, 이른바 부동지불과 무애지불과 해탈지불과 위의지불과 명상지불과 구경지불과 최승지불과 자재지불과 범지불과 관찰지불이셨다.

그때에 일체처의 문수사리 보살들이 각각 부처님 처소에서 동시에 소리를 내어 이 게송을 설하여 말씀하였다.

약유견정각
若有見正覺이

해탈이제루
解脫離諸漏하고

불착일체세
不著一切世하면

피비증도안
彼非證道眼이니라

약유지여래
若有知如來가

체상무소유
體相無所有하야

수습득명료
修習得明了하면

차인질작불
此人疾作佛이로다

능견차세계
能見此世界호대

기심불요동
其心不搖動하고

어불신역연
於佛身亦然하면

당성승지자
當成勝智者로다

만약 어떤 이가 정각은

해탈하여 모든 번뇌를 여의고

일체 세간에 집착하지 않는 줄로 보면

그는 도안을 증득한 것이 아니로다.

만약 어떤 이가 여래는

체성과 모양이 없음을 알아서

닦고 익혀 명료함을 얻으면

이 사람은 빨리 부처를 지으리라.

능히 이 세계를 보되

그 마음이 요동하지 않고

부처님 몸에 대해서도 또한 그러하면

마땅히 수승한 지혜 있는 이가 되리라.

약어불급법
若於佛及法에

기심요평등
其心了平等하야

이념불현전
二念不現前하면

당천난사위
當踐難思位로다

약견불급신
若見佛及身이

평등이안주
平等而安住하야

무주무소입
無住無所入하면

당성난우자
當成難遇者로다

색수무유수
色受無有數며

상행식역연
想行識亦然하니

약능여시지
若能如是知하면

당작대모니
當作大牟尼로다

만약 부처님과 법에

그 마음이 평등함을 요달하여

두 생각이 앞에 나타나지 아니하면

마땅히 생각하기 어려운 지위에 오르리라.

만약 부처님과 자신이

평등하게 안주하여

머무름도 없고 들어간 바도 없음을 보면

마땅히 만나기 어려운 이가 되리라.

색온과 수온이 무수하며

상과 행과 식도 또한 그러하니

만약 능히 이와 같이 알면

마땅히 대모니가 되리라.

세급출세견
世及出世見에

일체개초월
一切皆超越하야

이능선지법
而能善知法이면

당성대광요
當成大光耀로다

약어일체지
若於一切智에

발생회향심
發生迴向心호대

견심무소생
見心無所生하면

당획대명칭
當獲大名稱이로다

중생무유생
衆生無有生이며

역부무유괴
亦復無有壞니

약득여시지
若得如是智하면

당성무상도
當成無上道로다

세간과 출세간의 견해에
일체를 다 초월하여
능히 법을 잘 알면
마땅히 큰 빛을 이루리라.

만약 일체지에
회향하는 마음을 내되
마음이 나는 바가 없음을 보면
마땅히 큰 명칭을 얻으리라.

중생은 생겨남도 없으며
또한 다시 무너짐도 없으니
만약 이와 같은 지혜를 얻으면
마땅히 위없는 도를 이루리라.

일 중 해 무 량
一中解無量하고

무 량 중 해 일
無量中解一하야

요 피 호 생 기
了彼互生起하면

당 성 무 소 외
當成無所畏로다

이 시　　광 명　　과 차 세 계　　　변 조 동 방 십 불 국
爾時에　光明이　過此世界하야　偏照東方十佛國

토　　　남 서 북 방　　사 유 상 하　　　역 부 여 시
土하고　南西北方과　四維上下도　亦復如是하시니

피 일 일 세 계 중　　개 유 백 억 염 부 제　　내 지 백 억
彼一一世界中에　皆有百億閻浮提와　乃至百億

색 구 경 천　　기 중 소 유　　실 개 명 현
色究竟天이라　其中所有가　悉皆明現하니라

여 차 처　　견 불 세 존　　좌 연 화 장 사 자 지 좌
如此處에　見佛世尊이　坐蓮華藏師子之座어시든

하나 가운데 한량없음을 알고
한량없음 가운데 하나를 알아서
그것이 서로 생겨 일어남을 알면
마땅히 두려울 바 없음을 이루리라.

그때에 광명이 이 세계를 지나서 동방으로 열 부처님 국토를 두루 비추었다. 남방과 서방과 북방과 네 간방과 상방과 하방도 또한 다시 이와 같이 하였다. 그 낱낱 세계 가운데 다 백억 염부제와 내지 백억 색구경천이 있는데, 그 가운데 있는 것이 모두 다 분명하게 나타났다.

이곳에서 부처님 세존께서 연화장 사자좌

십불찰미진수보살　소공위요　피일일세
十佛刹微塵數菩薩의　所共圍遶하야　彼一一世

계중　각유백억염부제　백억여래　역여
界中에　各有百億閻浮提의　百億如來도　亦如

시좌
是坐하시니라

실이불신력고　시방각유일대보살　일일
悉以佛神力故로　十方各有一大菩薩이　一一

각여십불찰미진수제보살　구　내예불
各與十佛刹微塵數諸菩薩로　俱하야　來詣佛

소
所하시니라

기대보살　위문수사리등　소종래국　위
其大菩薩은　謂文殊師利等이며　所從來國은　謂

금색세계등　본소사불　위부동지여래등
金色世界等이며　本所事佛은　謂不動智如來等이니라

에 앉으셨는데 열 부처님 세계 미진수의 보살들에게 함께 둘러싸여 계시는 것을 보는 것과 같이, 그 낱낱 세계 가운데에도 각각 백억 염부제가 있는데 백억 여래께서 또한 이와 같이 앉으셨다.

모두 부처님의 위신력으로 시방에 각각 한 큰 보살이 있고, 낱낱 보살이 각각 열 부처님 세계 미진수의 모든 보살들과 함께 부처님 처소에 나아갔다.

그 큰 보살은 문수사리 등이며, 좇아온 바 국토는 금색세계 등이며, 본래 섬기던 부처님은 부동지여래 등이셨다.

이시   일체처문수사리보살   각어불소   동
爾時에 一切處文殊師利菩薩이 各於佛所에 同

시발성   설차송언
時發聲하야 說此頌言하나라

중생무지혜   애자소상독
衆生無智慧하야   愛刺所傷毒일새

위피구보리   제불법여시
爲彼求菩提하시니   諸佛法如是로다

보견어제법   이변개사리
普見於諸法하고   二邊皆捨離일새

도성영불퇴   전차무등륜
道成永不退하사   轉此無等輪이로다

그때에 일체처의 문수사리 보살들이 각각
부처님 처소에서 동시에 소리를 내어 이 게송
을 설하여 말씀하였다.

중생들이 지혜가 없어서
애욕의 가시에 상한 바가 됨이라
그들을 위해 보리를 구하시니
모든 부처님의 법이 이와 같도다.

모든 법을 널리 보시고
두 변을 다 버리고 여의시니
도를 이루어 길이 물러나지 않으시고
이러한 같음이 없는 법륜을 굴리시도다.

불가사의겁
不可思議劫에

정진수제행
精進修諸行은

위도제중생
爲度諸衆生이시니

차시대선력
此是大仙力이로다

도사항중마
導師降衆魔가

용건무능승
勇健無能勝이라

광중연묘의
光中演妙義하시니

자비고여시
慈悲故如是로다

이피지혜심
以彼智慧心으로

파제번뇌장
破諸煩惱障일새

일념견일체
一念見一切하시니

차시불신력
此是佛神力이로다

불가사의한 겁 동안
정진하여 온갖 행을 닦으심은
모든 중생들을 제도하시기 위함이니
이것은 큰 신선의 힘이로다.

도사께서 온갖 마군들을 항복받으심이
용맹하여 능히 이길 이 없음이라
광명 가운데서 미묘한 뜻을 연설하시니
자비하신 까닭에 이와 같도다.

그 지혜의 마음으로
모든 번뇌장을 깨뜨리셔서
한 생각에 일체를 보시니
이것은 부처님의 위신력이로다.

격우정법고
擊于正法鼓하사

각오시방찰
覺寤十方刹하야

함령향보리
咸令向菩提케하시니

자재력능이
自在力能爾로다

불괴무변경
不壞無邊境하고

이유제억찰
而遊諸億刹호대

어유무소착
於有無所著이면

피자재여불
彼自在如佛이로다

제불여허공
諸佛如虛空하사

구경상청정
究竟常清淨하시니

억념생환희
億念生歡喜하면

피제원구족
彼諸願具足이로다

정법의 북을 두드리셔서
시방 세계를 깨우치시어
다 보리에 나아가게 하시니
자재하신 힘이 능히 이러하도다.

가없는 경계를 무너뜨리지 않고
모든 억 세계에 노닐되
유에 집착하는 바가 없으면
그 자재함이 부처님과 같도다.

모든 부처님은 허공과 같으셔서
끝까지 항상 청정하시니
생각하고 환희를 내면
저 모든 원을 구족하도다.

일일지옥중
一一地獄中에

경어무량겁
經於無量劫하시니

위도중생고
爲度衆生故로

이능인시고
而能忍是苦로다

불석어신명
不惜於身命하고

상호제불법
常護諸佛法하시니

무아심조유
無我心調柔하야

능득여래도
能得如來道로다

이시 광명 과십세계 변조동방백세계
爾時에 光明이 過十世界하야 徧照東方百世界하고

남서북방 사유상하 역부여시 피제세
南西北方과 四維上下도 亦復如是하시니 彼諸世

낱낱 지옥 속에서
한량없는 겁을 지내셨으니
중생들을 제도하시기 위한 까닭에
이런 고통을 능히 견디셨도다.

몸과 목숨을 아끼지 아니하시고
항상 모든 불법을 보호하시니
'나'가 없어 마음이 부드러워
능히 여래의 도를 얻으셨도다.

그때에 광명이 열 세계를 지나서 동방으로
백 세계를 두루 비추었다. 남방과 서방과 북방
과 네 간방과 상방과 하방도 또한 다시 이와
같이 하였다. 그 모든 세계 가운데 다 백억 염

계중　　개유백억염부제　　내지백억색구경
界中에 皆有百億閻浮提와 乃至百億色究竟

천　　기중소유　실개명현
天이라 其中所有가 悉皆明現하니라

피일일염부제중　　실견여래　　좌연화장사
彼一一閻浮提中에 悉見如來가 坐蓮華藏師

자지좌　　십불찰미진수보살　소공위요
子之座어시든 十佛刹微塵數菩薩의 所共圍遶니라

실이불신력고　시방각유일대보살　일일각
悉以佛神力故로 十方各有一大菩薩이 一一各

여십불찰미진수제보살　구　　내예불소
與十佛刹微塵數諸菩薩로 俱하야 來詣佛所하시니

기대보살　위문수사리등　　소종래국　　위
其大菩薩은 謂文殊師利等이며 所從來國은 謂

금색세계등　본소사불　위부동지여래등
金色世界等이며 本所事佛은 謂不動智如來等이니라

부제와 내지 백억 색구경천이 있는데, 그 가운데 있는 것이 모두 다 분명하게 나타났다.

그 낱낱 염부제 가운데 여래께서 연화장 사자좌에 앉으셨는데 열 부처님 세계 미진수의 보살들에게 함께 둘러싸여 계시는 것을 다 보았다.

모두 부처님의 위신력으로 시방에 각각 한 큰 보살이 있고, 낱낱 보살이 각각 열 부처님 세계 미진수의 모든 보살들과 함께 부처님 처소에 나아갔다.

그 큰 보살은 문수사리 등이며, 좇아온 바 국토는 금색세계 등이며, 본래 섬기던 부처님은 부동지여래 등이셨다.

이시　일체처문수사리보살　각어불소　동
爾時에 **一切處文殊師利菩薩**이 **各於佛所**에 **同**

시발성　　설차송언
時發聲하야 **說此頌言**하니라

불요법여환　　　　통달무장애
佛了法如幻하사　**通達無障礙**하고

심정이중착　　　　조복제군생
心淨離衆著하사　**調伏諸群生**이로다

혹유견초생　　　　묘색여금산
或有見初生에　**妙色如金山**하사

주시최후신　　　　영작인중월
住是最後身하야　**永作人中月**이로다

그때에 일체처의 문수사리 보살들이 각각 부처님 처소에서 동시에 소리를 내어 이 게송을 설하여 말씀하였다.

부처님께서 법이 환과 같음을 아시고
통달하여 장애가 없으시며
마음이 청정하여 온갖 집착을 여의셔서
모든 군생들을 조복하시도다.

혹은 보니 처음 태어나실 적에
미묘한 빛이 금산과 같으시어
이 최후신에 머무르셔서
길이 사람 가운데 달을 지으셨도다.

혹견경행시
或見經行時에

구무량공덕
具無量功德하시며

염혜개선교
念慧皆善巧하사

장부사자보
丈夫師子步로다

혹견감청목
或見紺靑目으로

관찰어시방
觀察於十方하고

유시현희소
有時現戲笑하사

위순중생욕
爲順衆生欲이로다

혹견사자후
或見師子吼와

수승무비신
殊勝無比身으로

시현최후생
示現最後生하사

소설무비실
所說無非實이로다

혹은 보니 경행하실 때에
한량없는 공덕을 갖추시며
생각과 지혜가 다 매우 교묘하시어
대장부의 사자걸음 걸으시도다.

혹은 보니 검푸른 눈으로
시방을 관찰하시고
어떤 때는 웃음을 지으시며
중생들의 욕망을 수순하시도다.

혹은 보니 사자후와
수승하여 비할 데 없는 몸으로
최후생을 나타내 보이시며
설하시는 것이 모두 다 진실하도다.

혹유견출가
或有見出家하사

해탈일체박
解脫一切縛하고

수치제불행
修治諸佛行하사

상락관적멸
常樂觀寂滅이로다

혹견좌도량
或見坐道場하사

각지일체법
覺知一切法하고

도공덕피안
到功德彼岸하사

치암번뇌진
癡暗煩惱盡이로다

혹견승장부
或見勝丈夫가

구족대비심
具足大悲心하사

전어묘법륜
轉於妙法輪하야

도무량중생
度無量衆生이로다

혹은 보니 출가하시어

일체 속박에서 해탈하시고

모든 부처님의 행을 닦으셔서

항상 즐거이 적멸을 관하시도다.

혹은 보니 도량에 앉으셔서

일체 법을 깨달아 아시고

공덕의 피안에 이르시어

어리석고 어두운 번뇌를 다하셨도다.

혹은 보니 수승한 대장부가

대비심을 구족하시어

미묘한 법륜을 굴리셔서

한량없는 중생들을 제도하시도다.

혹견사자후
或見師子吼가

위광최수특
威光最殊特하사

초일체세간
超一切世間하야

신통력무등
神通力無等이로다

혹견심적정
或見心寂靜이

여세등영멸
如世燈永滅호대

종종현신통
種種現神通하시니

십력능여시
十力能如是로다

이시　광명　과백세계　　변조동방천세계
爾時에 **光明**이 **過百世界**하야 **徧照東方千世界**하고

남서북방　사유상하　역부여시　　피일일
南西北方과 **四維上下**도 **亦復如是**하시니 **彼一一**

혹은 보니 사자후 하심이
위엄과 광명이 가장 특수하셔서
일체 세간에서 뛰어나시니
신통력이 같을 이 없도다.

혹은 보니 마음이 고요한 것이
세간의 등불이 길이 소멸한 것 같으나
갖가지로 신통을 나타내시니
십력이 능히 이와 같도다.

그때에 광명이 백 세계를 지나서 동방의 천 세계를 두루 비추었다. 남방과 서방과 북방과 네 간방과 상방과 하방도 또한 다시 이와 같이 하였다. 그 낱낱 세계 가운데 모두 백억 염

세계중　　개유백억염부제　　내지백억색구
世界中에　皆有百億閻浮提와　乃至百億色究

경천　　　기중소유　　실개명현
竟天이라　其中所有가　悉皆明現하니라

피일일염부제중　　실견여래　　좌연화장사자
彼一一閻浮提中에　悉見如來가　坐蓮華藏師子

지좌　　　　십불찰미진수보살　　소공위요
之座어시든　十佛剎微塵數菩薩의　所共圍遶니라

실이불신력고　　시방각유일대보살　　일일각
悉以佛神力故로　十方各有一大菩薩이　一一各

여십불찰미진수제보살　　구　　　내예불소
與十佛剎微塵數諸菩薩로　俱하야　來詣佛所하시니

기대보살　　위문수사리등　　　소종래국　　위
其大菩薩은　謂文殊師利等이며　所從來國은　謂

금색세계등　　　본소사불　　위부동지여래등
金色世界等이며　本所事佛은　謂不動智如來等이니라

부제와 내지 백억 색구경천이 있는데, 그 가운데 있는 것이 모두 다 분명하게 나타났다.

그 낱낱 염부제 가운데 여래께서 연화장 사자좌에 앉으셨는데 열 부처님 세계 미진수의 보살들에게 함께 둘러싸여 계시는 것을 다 보았다.

모두 부처님의 위신력으로 시방에 각각 한 큰 보살이 있고, 낱낱 보살이 각각 열 부처님 세계 미진수의 모든 보살들과 함께 부처님 처소에 나아갔다.

그 큰 보살은 문수사리 등이며, 좇아온 바 국토는 금색세계 등이며, 본래 섬기던 부처님은 부동지여래 등이셨다.

이시   일체처문수사리보살   각어불소   동
爾時에 一切處文殊師利菩薩이 各於佛所에 同

시발성   설차송언
時發聲하야 說此頌言하니라

불어심심법   통달무여등
佛於甚深法에   通達無與等이라

중생불능료   차제위개시
衆生不能了일새   次第爲開示로다

아성미증유   아소역공적
我性未曾有며   我所亦空寂이어니

운하제여래   이득유기신
云何諸如來가   而得有其身이리오

그때에 일체처의 문수사리 보살들이 각각

부처님 처소에서 동시에 소리를 내어 이 게송

을 설하여 말씀하였다.

부처님께서 매우 깊은 법을

통달하시어 더불어 같을 이 없음이라

중생들이 알 수 없어서

차례로 열어 보이시도다.

'나'의 자성이 일찍이 있지 않으며

'나'의 소유 또한 공적한데

어찌 모든 여래께서

그 몸이 있음을 얻으시리오.

해탈명행자
解脫明行者가

무수무등륜
無數無等倫하시니

세간제인량
世間諸因量으로

구과불가득
求過不可得이로다

불비세간온
佛非世間蘊과

계처생사법
界處生死法이라

수법불능성
數法不能成일새

고호인사자
故号人師子로다

기성본공적
其性本空寂하고

내외구해탈
內外俱解脫하사

이일체망념
離一切妄念하시니

무등법여시
無等法如是로다

해탈과 지혜와 행이

수없고 짝도 없으니

세간의 모든 논리와 헤아림으로

허물을 구하여도 얻지 못하도다.

부처님은 세간의 온과

계와 처의 생사법이 아니셔서

숫자의 법으로 이룰 수 없으니

그러므로 사람 가운데 사자라 이름하도다.

그 체성이 본래 공적하고

안과 밖으로 함께 해탈하시어

일체 망념을 여의셨으니

같음 없는 법이 이와 같도다.

체성상부동
體性常不動하야

무아무래거
無我無來去하사대

이능오세간
而能寤世間하야

무변실조복
無邊悉調伏이로다

상락관적멸
常樂觀寂滅이

일상무유이
一相無有二하사

기심부증감
其心不增減하사대

현무량신력
現無量神力이로다

부작제중생
不作諸衆生의

업보인연행
業報因緣行하고

이능료무애
而能了無礙하시니

선서법여시
善逝法如是로다

체성은 항상 움직이지 아니하여
'나'도 없고 오고 감도 없으시나
능히 세간을 깨우치셔서
가없이 다 조복하시도다.

항상 적멸이 한 모양이고
둘이 없음을 즐겨 관하시니
그 마음은 늘거나 줄지 아니하나
한량없는 위신력을 나타내시도다.

모든 중생들의
업보와 인연행을 짓지 않고
걸림 없음을 능히 아시니
선서의 법이 이와 같도다.

종종제중생
種種諸衆生이

유전어시방
流轉於十方이어든

여래불분별
如來不分別하사

도탈무변류
度脫無邊類로다

제불진금색
諸佛眞金色이

비유변제유
非有徧諸有하사

수중생심락
隨衆生心樂하야

위설적멸법
爲說寂滅法이로다

이시　　광명　　과천세계　　　변조동방십천세
爾時에　光明이　過千世界하야　徧照東方十千世

계　　　남서북방　　사유상하　　역부여시
界하고　南西北方과　四維上下도　亦復如是하시니

갖가지 모든 중생들이

시방 세계에 유전하는데

여래께서 분별하지 않으시고

가없는 무리들을 제도하시도다.

모든 부처님의 진금 빛이

있는 것 아니나 모든 존재에 두루하시어

중생들의 마음에 즐겨함을 따르셔서

위하여 적멸한 법을 설하시도다.

그때에 광명이 천 세계를 지나서 동방의 십

천 세계를 두루 비추었다. 남방과 서방과 북방

과 네 간방과 상방과 하방도 또한 다시 이와

같이 하였다. 그 낱낱 세계 가운데 모두 백억

피일일세계중　개유백억염부제　내지백억
彼一一世界中에 皆有百億閻浮提와 乃至百億

색구경천　기중소유　실개명현
色究竟天이라 其中所有가 悉皆明現하니라

피일일염부제중　실견여래　좌연화장사
彼一一閻浮提中에 悉見如來가 坐蓮華藏師

자지좌　십불찰미진수보살　소공위요
子之座어시든 十佛刹微塵數菩薩의 所共圍遶니라

실이불신력고　시방각유일대보살　일일각
悉以佛神力故로 十方各有一大菩薩이 一一各

여십불찰미진수제보살　구　내예불소
與十佛刹微塵數諸菩薩로 俱하야 來詣佛所하시니

기대보살　위문수사리등　소종래국　위
其大菩薩은 謂文殊師利等이며 所從來國은 謂

금색세계등　본소사불　위부동지여래등
金色世界等이며 本所事佛은 謂不動智如來等이니라

염부제와 내지 백억 색구경천이 있는데, 그 가운데 있는 것이 모두 다 분명하게 나타났다.

그 낱낱 염부제 가운데 여래께서 연화장 사자좌에 앉으셨는데 열 부처님 세계 미진수의 보살들에게 함께 둘러싸여 계시는 것을 다 보았다.

모두 부처님의 위신력으로 시방에 각각 한 큰 보살이 있고, 낱낱 보살이 각각 열 부처님 세계 미진수의 모든 보살들과 함께 부처님 처소에 나아갔다.

그 큰 보살은 문수사리 등이며, 좇아온 바 국토는 금색세계 등이며, 본래 섬기던 부처님은 부동지여래 등이셨다.

이시　　일체처문수사리보살　각어불소　　동
爾時에 一切處文殊師利菩薩이 各於佛所에 同

시발성　　　설차송언
時發聲하야 說此頌言하니라

발기대비심　　　　구호제중생
發起大悲心하사　　救護諸衆生하야

영출인천중　　　　여시업응작
永出人天衆하시니　如是業應作이어다

의상신락불　　　　기심불퇴전
意常信樂佛하사　　其心不退轉하야

친근제여래　　　　여시업응작
親近諸如來하시니　如是業應作이어다

그때에 일체처의 문수사리 보살들이 각각 부처님 처소에서 동시에 소리를 내어 이 게송을 설하여 말씀하였다.

대비심을 일으키셔서
모든 중생들을 구호하시어
길이 인간과 천상 무리에서 벗어나셨으니
이러한 업을 마땅히 지을지어다.

마음에 항상 부처님을 즐거이 믿으셔서
그 마음이 물러나지 아니하시고
모든 여래를 친근하셨으니
이러한 업을 마땅히 지을지어다.

지락불공덕
志樂佛功德하사

기심영불퇴
其心永不退하야

주어청량혜
住於淸凉慧하시니

여시업응작
如是業應作이어다

일체위의중
一切威儀中에

상념불공덕
常念佛功德하사

주야무잠단
晝夜無暫斷하시니

여시업응작
如是業應作이어다

관무변삼세
觀無邊三世하고

학피불공덕
學彼佛功德하사대

상무염권심
常無厭倦心하시니

여시업응작
如是業應作이어다

뜻에 부처님의 공덕을 좋아하시고
그 마음 길이 물러나지 아니하시어
청량한 지혜에 머무르시니
이러한 업을 마땅히 지을지어다.

일체 위의 가운데
항상 부처님의 공덕을 생각하셔서
밤낮으로 잠시도 끊어짐이 없으시니
이러한 업을 마땅히 지을지어다.

가없는 삼세를 관하시고
저 부처님의 공덕을 배우시되
항상 싫어하거나 게으른 마음이 없으시니
이러한 업을 마땅히 지을지어다.

관신여실상
觀身如實相하사

일체개적멸
一切皆寂滅하야

이아무아착
離我無我著하시니

여시업응작
如是業應作이어다

등관중생심
等觀衆生心하고

불기제분별
不起諸分別하사

입어진실경
入於眞實境하시니

여시업응작
如是業應作이어다

실거무변계
悉擧無邊界하고

보음일체해
普飮一切海가

차신통지력
此神通智力이시니

여시업응작
如是業應作이어다

몸의 여실한 모습은
일체가 다 적멸함을 관하셔서
'아'와 '무아'의 집착을 여의시니
이러한 업을 마땅히 지을지어다.

중생들의 마음을 평등하게 관하시고
모든 분별을 일으키지 아니하셔서
진실한 경계에 들어가시니
이러한 업을 마땅히 지을지어다.

가없는 세계를 다 들고
널리 일체 바닷물을 마시는 것은
신통과 지혜의 힘이시니
이러한 업을 마땅히 지을지어다.

사유제국토
思惟諸國土의

색여비색상
色與非色相하사

일체실능지
一切悉能知하시니

여시업응작
如是業應作이어다

시방국토진
十方國土塵을

일진위일불
一塵爲一佛하야

실능지기수
悉能知其數하시니

여시업응작
如是業應作이어다

이시　　광명　　과십천세계　　변조동방백천
爾時에　光明이　過十千世界하야　徧照東方百千

세계　　남서북방　　사유상하　　역부여시
世界하고　南西北方과　四維上下도　亦復如是하시니

모든 국토의

색과 색 아닌 모습을 사유하셔서

일체를 다 능히 아시니

이러한 업을 마땅히 지을지어다.

시방 국토의 티끌마다

한 티끌을 한 부처님으로 삼으셔서

그 수효를 다 능히 아시니

이러한 업을 마땅히 지을지어다.

　그때에 광명이 십천 세계를 지나서 동방으로 백천 세계를 두루 비추었다. 남방과 서방과 북방과 네 간방과 상방과 하방도 또한 다시 이와 같이 하였다. 그 낱낱 세계 가운데 모두 백

피일일세계중　개유백억염부제　내지백
彼一一世界中에 皆有百億閻浮提와 乃至百

억색구경천　기중소유　실개명현
億色究竟天이라 其中所有가 悉皆明現하니라

피일일염부제중　실견여래　좌연화장사
彼一一閻浮提中에 悉見如來가 坐蓮華藏師

자지좌　십불찰미진수보살　소공위요
子之座어시든 十佛刹微塵數菩薩의 所共圍遶라

실이불신력고　시방각유일대보살　일일각
悉以佛神力故로 十方各有一大菩薩이 一一各

여십불찰미진수제보살　구　내예불소
與十佛刹微塵數諸菩薩로 俱하야 來詣佛所하시니

기대보살　위문수사리등　소종래국　위금
其大菩薩은 謂文殊師利等이며 所從來國은 謂金

색세계등　본소사불　위부동지여래등
色世界等이며 本所事佛은 謂不動智如來等이니라

억 염부제와 내지 백억 색구경천이 있는데, 그 가운데 있는 것이 모두 다 분명하게 나타났다.

그 낱낱 염부제 가운데 여래께서 연화장 사자 좌에 앉으셨는데 열 부처님 세계 미진수의 보살 들에게 함께 둘러싸여 계시는 것을 다 보았다.

모두 부처님의 위신력으로 시방에 각각 한 큰 보살이 있고, 낱낱 보살이 각각 열 부처님 세계 미진수의 모든 보살들과 함께 부처님 처 소에 나아갔다.

그 큰 보살은 문수사리 등이며, 좇아온 바 국토는 금색세계 등이며, 본래 섬기던 부처님 은 부동지여래 등이셨다.

이시　일체처문수사리보살　각어불소　동
爾時에 一切處文殊師利菩薩이 各於佛所에 同

시발성　설차송언
時發聲하야 說此頌言하니라

약이위덕색종족
若以威德色種族으로

이견인중조어사
而見人中調御師인댄

시위병안전도견
是爲病眼顚倒見이라

피불능지최승법
彼不能知最勝法이로다

여래색형제상등
如來色形諸相等을

일체세간막능측
一切世間莫能測이라

억나유겁공사량
億那由劫共思量하야도

색상위덕전무변
色相威德轉無邊이로다

그때에 일체처의 문수사리 보살들이 각각 부
처님 처소에서 동시에 소리를 내어 이 게송을
설하여 말씀하였다.

만약 위덕과 색상과 종족으로
사람 가운데 조어사를 보려 한다면
이것은 병든 눈이며 전도된 소견이라
그는 가장 수승한 법을 알 수 없으리라.

여래의 형색과 모든 모습들을
일체 세간은 측량할 수 없으니
억 나유타 겁 동안 함께 생각하여도
색상과 위덕은 더욱 끝이 없도다.

여래비이상위체
如來非以相爲體라

단시무상적멸법
但是無相寂滅法이로다

신상위의실구족
身相威儀悉具足하시니

세간수락개득견
世間隨樂皆得見이로다

불법미묘난가량
佛法微妙難可量이라

일체언설막능급
一切言說莫能及이니

비시화합비불합
非是和合非不合일새

체성적멸무제상
體性寂滅無諸相이로다

불신무생초희론
佛身無生超戲論하사

비시온취차별법
非是蘊聚差別法이라

득자재력결정견
得自在力決定見하시니

소행무외이언도
所行無畏離言道로다

여래는 색상으로 본체를 삼지 않고
다만 모양 없는 적멸한 법이시지만
신상과 위의를 다 구족하시니
세간이 좋아함을 따라 다 보도다.

부처님의 법은 미묘하여 헤아리기 어려워
일체 언설로 능히 미칠 수 없음이라
화합도 아니고 화합 아님도 아니니
체성이 적멸하여 모든 형상이 없도다.

부처님의 몸은 남이 없어 희론을 뛰어넘어
오온의 차별한 법이 아니셔서
자재한 힘을 얻어야 결정코 보리니
행하는 바가 두려움 없어 말의 길을 여의셨도다.

신심실평등
身心悉平等하고

내외개해탈
內外皆解脫일새

영겁주정념
永劫住正念하사

무착무소계
無著無所繫로다

의정광명자
意淨光明者의

소행무염착
所行無染著이라

지안미부주
智眼靡不周하사

광대이중생
廣大利衆生이로다

일신위무량
一身爲無量이요

무량부위일
無量復爲一이라

요지제세간
了知諸世間하사

현형변일체
現形徧一切로다

몸과 마음이 다 평등하고
안과 밖이 다 해탈이라
영겁 동안 바른 생각에 머무르셔서
집착도 없고 매임도 없으시도다.

뜻이 깨끗하여 빛나고 밝은 이는
행하는 것이 염착이 없으며
지혜의 눈이 두루하지 않음이 없어서
광대하게 중생들을 이롭게 하도다.

한 몸이 한량없는 몸이 되고
한량없는 몸이 다시 한 몸이 됨이라
모든 세간을 밝게 아셔서
형상을 나타내어 일체에 두루하시도다.

차신무소종 　 　 　 역무소적취
此身無所從이며 　 亦無所積聚어늘

중생분별고 　 　 　 견불종종신
衆生分別故로 　 見佛種種身이로다

심분별세간 　 　 　 시심무소유
心分別世間호대 　 是心無所有라

여래지차법 　 　 　 여시견불신
如來知此法이시니 　 如是見佛身이니라

이시 　 광명 　 과백천세계 　 　 변조동방백만
爾時에 光明이 過百千世界하야 徧照東方百萬

세계 　 남서북방 　 사유상하 　 역부여시
世界하고 南西北方과 四維上下도 亦復如是하시니

이 몸은 좇아온 곳도 없으며

또한 쌓이고 모인 것도 아니나

중생들이 분별하는 까닭에

부처님의 갖가지 몸을 보도다.

마음이 세간을 분별하되

이 마음은 있는 것이 아니라

여래께서 이 법을 아시니

이와 같이 부처님의 몸을 볼지니라.

그때에 광명이 백천 세계를 지나서 동방으로

백만 세계를 두루 비추었다. 남방과 서방과 북

방과 네 간방과 상방과 하방도 또한 다시 이

와 같이 하였다. 그 낱낱 세계 가운데 모두 백

피일일세계중　개유백억염부제　내지백억
彼一一世界中에 皆有百億閻浮提와 乃至百億

색구경천　기중소유　실개명현
色究竟天이라 其中所有가 悉皆明現하나라

피일일염부제중　실견여래　좌연화장사자
彼一一閻浮提中에 悉見如來가 坐蓮華藏師子

지좌　십불찰미진수보살　소공위요
之座어시든 十佛刹微塵數菩薩의 所共圍遶나라

실이불신력고　시방각유일대보살　일일각
悉以佛神力故로 十方各有一大菩薩이 一一各

여십불찰미진수제보살　구　내예불소
與十佛刹微塵數諸菩薩로 俱하야 來詣佛所하시니

기대보살　위문수사리등　소종래국　위금
其大菩薩은 謂文殊師利等이며 所從來國은 謂金

색세계등　본소사불　위부동지여래등
色世界等이며 本所事佛은 謂不動智如來等이니라

억 염부제와 내지 백억 색구경천이 있는데, 그 가운데 있는 것이 모두 다 분명하게 나타났다.

그 낱낱 염부제 가운데 여래께서 연화장 사자좌에 앉으셨는데 열 부처님 세계 미진수의 보살들에게 함께 둘러싸여 계시는 것을 다 보았다.

모두 부처님의 위신력으로 시방에 각각 한 큰 보살이 있고, 낱낱 보살이 각각 열 부처님 세계 미진수의 모든 보살들과 함께 부처님 처소에 나아갔다.

그 큰 보살은 문수사리 등이며, 좇아온 바 국토는 금색세계 등이며, 본래 섬기던 부처님은 부동지여래 등이셨다.

이시　일체처문수사리보살　각어불소
爾時에 一切處文殊師利菩薩이 各於佛所에

동시발성　설차송언
同時發聲하야 說此頌言하니라

여래최자재　　　초세무소의
如來最自在하사 超世無所依하시며

구일체공덕　　　도탈어제유
具一切功德하사 度脫於諸有로다

무염무소착　　　무상무의지
無染無所著하시며 無想無依止하사

체성불가량　　　견자함칭탄
體性不可量이나 見者咸稱歎이로다

그때에 일체처의 문수사리 보살들이 각각 부처님 처소에서 동시에 소리를 내어 이 게송을 설하여 말씀하였다.

여래께서 가장 자재하시어
세상을 초월하여 의지한 바 없으시며
일체의 공덕을 갖추셔서
모든 세상을 제도하시도다.

물듦도 없고 집착한 바도 없으시며
생각도 없고 의지함도 없으셔서
체성을 헤아릴 수 없으나
보는 이가 다 찬탄하도다.

광명변청정
光明徧淸淨하시며

진루실견척
塵累悉蠲滌하사

부동이이변
不動離二邊하시니

차시여래지
此是如來智로다

약유견여래
若有見如來가

신심이분별
身心離分別이면

즉어일체법
則於一切法에

영출제의체
永出諸疑滯로다

일체세간중
一切世閒中에

처처전법륜
處處轉法輪하사대

무성무소전
無性無所轉이시니

도사방편설
導師方便說이로다

광명이 두루 청정하시며
번뇌를 다 씻어 제거하셔서
움직이지 않고 두 변을 여의시니
이것이 여래의 지혜로다.

만약 어떤 이가 여래께서
몸과 마음에 분별을 여의신 것을 보면
곧 일체 법에서
모든 의심을 영원히 벗어나리라.

일체 세간 가운데
곳곳에서 법륜을 굴리시되
자성도 없고 굴리는 바도 없으시니
도사의 방편의 말씀이로다.

어 법 무 의 혹
於法無疑惑하고

영 절 제 희 론
永絶諸戲論하야

불 생 분 별 심
不生分別心이면

시 념 불 보 리
是念佛菩提니라

요 지 차 별 법
了知差別法하고

불 착 어 언 설
不著於言說하야

무 유 일 여 다
無有一與多하면

시 명 수 불 교
是名隨佛教니라

다 중 무 일 성
多中無一性이요

일 역 무 유 다
一亦無有多니

여 시 이 구 사
如是二俱捨하면

보 입 불 공 덕
普入佛功德이니라

법에 의혹이 없고
모든 희론을 길이 끊어서
분별하는 마음을 내지 아니하면
이것이 부처님의 보리를 생각함이니라.

차별한 법을 요달해 알고
언설에 집착하지 아니하여
하나와 많음이 없으면
이 이름이 부처님 가르침을 따름이니라.

많음 가운데 하나의 성품이 없고
하나에도 또한 많음이 없으니
이와 같이 둘을 함께 버리면
부처님의 공덕에 널리 들어가리라.

중생급국토
衆生及國土가

일체개적멸
一切皆寂滅이니

무의무분별
無依無分別하면

능입불보리
能入佛菩提니라

중생급국토
衆生及國土가

일이불가득
一異不可得이니

여시선관찰
如是善觀察하면

명지불법의
名知佛法義니라

이시 광명 과백만세계 변조동방일억
爾時에 光明이 過百萬世界하야 偏照東方一億

세계 남서북방 사유상하 역부여시
世界하고 南西北方과 四維上下도 亦復如是하시니

중생과 국토가

일체가 다 적멸하니

의지함도 없고 분별함도 없으면

부처님의 보리에 능히 들어가리라.

중생과 국토가

하나다 다르다 할 수 없으니

이와 같이 잘 관찰하면

부처님 법의 뜻을 안다고 이름하리라.

그때에 광명이 백만 세계를 지나서 동방으로 일억 세계를 두루 비추었다. 남방과 서방과 북방과 네 간방과 상방과 하방도 또한 다시 이와 같이 하였다.

피일일세계중　개유백억염부제　내지백억
彼一一世界中에 皆有百億閻浮提와 乃至百億

색구경천　기중소유　실개명현
色究竟天이라 其中所有가 悉皆明現하니라

피일일염부제중　각견여래　좌연화장사자
彼一一閻浮提中에 各見如來가 坐蓮華藏師子

지좌　십불찰미진수보살　소공위요
之座어시든 十佛刹微塵數菩薩의 所共圍遶니라

실이불신력고　시방각유일대보살　일일각
悉以佛神力故로 十方各有一大菩薩이 一一各

여십불찰미진수제보살　구　내예불소
與十佛刹微塵數諸菩薩로 俱하야 來詣佛所하시니

기대보살　위문수사리등　소종래국　위
其大菩薩은 謂文殊師利等이며 所從來國은 謂

금색세계등　본소사불　위부동지여래
金色世界等이며 本所事佛은 謂不動智如來

그 낱낱 세계 가운데 모두 백억 염부제와 내지 백억 색구경천이 있는데, 그 가운데 있는 것이 모두 다 분명하게 나타났다.

그 낱낱 염부제 가운데 각각 여래께서 연화장 사자좌에 앉으셨는데 열 부처님 세계 미진수의 보살들에게 함께 둘러싸여 계시는 것을 보았다.

모두 부처님의 위신력으로 시방에 각각 한 큰 보살이 있고, 낱낱 보살이 각각 열 부처님 세계 미진수의 모든 보살들과 함께 부처님 처소에 나아갔다.

그 큰 보살은 문수사리 등이며, 좇아온 바 국토는 금색세계 등이며, 본래 섬기던 부처님

등
等이니라

이 시　　일체처문수사리보살　　각어불소　　동
爾時에 一切處文殊師利菩薩이 各於佛所에 同

시발성　　설차송언
時發聲하야 說此頌言하니라

지혜무등법무변　　　초제유해도피안
智慧無等法無邊하시며　超諸有海到彼岸하시며

수량광명실무비　　　차공덕자방편력
壽量光明悉無比하시니　此功德者方便力이로다

은 부동지여래 등이셨다.

  그때에 일체처의 문수사리 보살들이 각각 부처님 처소에서 동시에 소리를 내어 이 게송을 설하여 말씀하였다.

지혜는 같음이 없고 법은 가없으며
모든 세상바다를 뛰어넘어 피안에 이르시고
수명과 광명도 다 비할 데 없으시니
이것은 공덕 있는 분의 방편의 힘이로다.

소유불법개명료
所有佛法皆明了하시며

상관삼세무염권
常觀三世無厭倦하시며

수연경계불분별
雖緣境界不分別하시니

차난사자방편력
此難思者方便力이로다

낙관중생무생상
樂觀衆生無生想하시며

보견제취무취상
普見諸趣無趣想하시며

항주선적불계심
恒住禪寂不繫心하시니

차무애혜방편력
此無礙慧方便力이로다

선교통달일체법
善巧通達一切法하시며

정념근수열반도
正念勤修涅槃道하사

낙어해탈이불평
樂於解脫離不平하시니

차적멸인방편력
此寂滅人方便力이로다

있는 바 부처님의 법을 모두 밝게 아시고
항상 삼세를 관하되 싫어하거나 게으름이 없으시며
비록 경계를 반연하나 분별하지 아니하시니
이것은 생각하기 어려운 분의 방편의 힘이로다.

중생을 즐겨 보되 중생이라는 생각이 없으시고
모든 갈래를 널리 보되 갈래라는 생각이 없으시며
항상 선정에 머무르되 매이는 마음이 없으시니
이것은 걸림 없는 지혜 방편의 힘이로다.

교묘한 방편으로 일체 법을 통달하시며
바른 생각으로 열반의 도를 부지런히 닦으셔서
해탈을 즐기고 평등하지 않음을 여의셨으니
이것은 적멸한 분의 방편의 힘이로다.

유능권향불보리
有能勸向佛菩提하며

취여법계일체지
趣如法界一切智하며

선화중생입어제
善化衆生入於諦하시니

차주불심방편력
此住佛心方便力이로다

불소설법개수입
佛所說法皆隨入하시며

광대지혜무소애
廣大智慧無所礙하시며

일체처행실이진
一切處行悉已臻하시니

차자재수방편력
此自在修方便力이로다

항주열반여허공
恒住涅槃如虛空하시며

수심화현미부주
隨心化現靡不周하시니

차의무상이위상
此依無相而爲相이라

도난도자방편력
到難到者方便力이로다

능히 부처님의 보리에 회향하기를 권하시며
저 법계의 일체지에 나아가시며
중생들을 잘 교화하여 진리에 들게 하시니
이것은 부처님 마음에 머무르신 방편의 힘이로다.

부처님께서 설하신 법에 다 따라 들어가시며
넓고 큰 지혜가 걸리는 바가 없으시며
일체처에 다니는 일 모두 이르시니
이것은 자재하게 닦으신 방편의 힘이로다.

항상 열반에 머물러도 허공과 같으시며
마음 따라 화현하여 두루하시니
이것은 모양 없음에 의지하여 모양을 삼으심이라
도달하기 어려운 데 도달하신 분의 방편의 힘이로다.

주야일월급년겁
晝夜日月及年劫과

세계시종성괴상
世界始終成壞相을

여시억념실요지
如是憶念悉了知하시니

차시수지방편력
此時數智方便力이로다

일체중생유생멸
一切衆生有生滅과

색여비색상비상
色與非色想非想의

소유명자실요지
所有名字悉了知하시니

차주난사방편력
此住難思方便力이로다

과거현재미래세
過去現在未來世의

소유언설개능료
所有言說皆能了하사대

이지삼세실평등
而知三世悉平等하시니

차무비해방편력
此無比解方便力이로다

낮과 밤과 날과 달과 해와 겁과

세계의 시작과 끝과 이루어지고 무너지는 모양의

이러한 것을 생각하여 다 요달해 아시니

이것은 시간과 숫자의 지혜인 방편의 힘이로다.

일체 중생의 생멸과

색과 비색과 상과 비상의

있는 바 이름을 다 요달해 아시니

이것은 생각하기 어려운 데 머무르신 방편의 힘이로다.

과거와 현재와 미래세의

있는 바 언설을 모두 능히 요달하셔서

삼세가 다 평등함을 아시니

이것은 비할 데 없이 아시는 방편의 힘이로다.

이시 　광명 　과일억세계 　변조동방십억
爾時에 光明이 過一億世界하야 徧照東方十億

세계 　남서북방 　사유상하 　역부여시
世界하고 南西北方과 四維上下도 亦復如是하시니

피일일세계중 　개유백억염부제 　내지백
彼一一世界中에 皆有百億閻浮提와 乃至百

억색구경천 　기중소유 　실개명현
億色究竟天이라 其中所有가 悉皆明現하니라

피일일염부제중 　실견여래 　좌연화장사
彼一一閻浮提中에 悉見如來가 坐蓮華藏師

자지좌 　십불찰미진수보살 　소공위요
子之座어시든 十佛刹微塵數菩薩의 所共圍遶니라

실이불신력고 　시방각유일대보살 　일일각
悉以佛神力故로 十方各有一大菩薩이 一一各

여십불찰미진수제보살 　구 　내예불소
與十佛刹微塵數諸菩薩로 俱하야 來詣佛所하시니

그때에 광명이 일억 세계를 지나서 동방으로 십억 세계를 두루 비추었다. 남방과 서방과 북방과 네 간방과 상방과 하방도 또한 다시 이와 같이 하였다. 그 낱낱 세계 가운데 모두 백억 염부제와 내지 백억 색구경천이 있는데, 그 가운데 있는 것이 모두 다 분명하게 나타났다.

그 낱낱 염부제 가운데 여래께서 연화장 사자좌에 앉으셨는데 열 부처님 세계 미진수의 보살들에게 함께 둘러싸여 계시는 것을 다 보았다.

모두 부처님의 위신력으로 시방에 각각 한 큰 보살이 있고, 낱낱 보살이 각각 열 부처님 세계 미진수의 모든 보살들과 함께 부처님 처소에 나아갔다.

기대보살　위문수사리등　　소종래국　위금
其大菩薩은 謂文殊師利等이며 所從來國은 謂金

색세계등　　본소사불　위부동지여래등
色世界等이며 本所事佛은 謂不動智如來等이니라

이시　　일체처문수사리보살　각어불소　　동
爾時에 一切處文殊師利菩薩이 各於佛所에 同

시발성　　설차송언
時發聲하야 說此頌言하니라

광대고행개수습　　　　일야정근무염태
廣大苦行皆修習하사대 日夜精勤無厭怠하사

이도난도사자후　　　　보화중생시기행
已度難度師子吼로 普化衆生是其行이로다

그 큰 보살은 문수사리 등이며, 좇아온 바 국토는 금색세계 등이며, 본래 섬기던 부처님은 부동지여래 등이셨다.

그때에 일체처의 문수사리 보살들이 각각 부처님 처소에서 동시에 소리를 내어 이 게송을 설하여 말씀하였다.

광대한 고행을 다 닦아 익히시되
밤낮으로 정근하여 싫어하거나 게으름이 없으셔서
제도하기 어려운 이를 이미 제도하신 사자후로
널리 중생들을 교화하심이 그 행이로다.

중생유전애욕해
衆生流轉愛欲海하야

무명망부대우박
無明網覆大憂迫일새

지인용맹실단제
至仁勇猛悉斷除하시니

서역당연시기행
誓亦當然是其行이로다

세간방일착오욕
世間放逸著五欲하야

부실분별수중고
不實分別受衆苦일새

봉행불교상섭심
奉行佛敎常攝心하사

서도어사시기행
誓度於斯是其行이로다

중생착아입생사
衆生著我入生死하야

구기변제불가득
求其邊際不可得일새

보사여래획묘법
普事如來獲妙法하사

위피선설시기행
爲彼宣說是其行이로다

중생들이 애욕바다에 유전하면서
무명의 그물에 덮여 크게 근심하거늘
지극히 어지신 이가 용맹하게 다 끊으시니
서원도 또한 당연히 그 행이로다.

세간 중생들이 방일하고 오욕에 집착하여
실답지 못한 분별로 온갖 고통을 받으니
부처님의 가르침을 받들어 행하여 항상 마음을 거두셔서
이들을 제도하기를 서원하심이 그 행이로다.

중생들이 '나'에 집착하여 생사에 들어가
그 끝을 구하여도 찾을 수 없으니
널리 여래를 섬겨 묘한 법을 얻으셔서
그들을 위해 선설하심이 그 행이로다.

중생무호병소전
眾生無怙病所纏으로

상륜악취기삼독
常淪惡趣起三毒하야

대화맹염항소열
大火猛焰恒燒熱일새

정심도피시기행
淨心度彼是其行이로다

중생미혹실정도
眾生迷惑失正道하야

상행사경입암택
常行邪徑入闇宅일새

위피대연정법등
爲彼大然正法燈하사

영작조명시기행
永作照明是其行이로다

중생표익제유해
眾生漂溺諸有海하야

우난무애불가처
憂難無涯不可處일새

위피흥조대법선
爲彼興造大法船하사

개령득도시기행
皆令得度是其行이로다

중생들이 의지가 없고 병에 얽히어
항상 악취에 빠져 삼독을 일으켜서
크고 맹렬한 불길에 항상 타오르니
깨끗한 마음으로 그들을 제도하심이 그 행이로다.

중생들이 미혹하여 바른 길을 잃어서
늘 삿된 길을 걸어 어두운 집에 들어가니
그들을 위해 정법의 등을 크게 밝히셔서
길이 밝게 비추심이 그 행이로다.

중생들이 모든 존재바다에 빠져서
근심과 어려움이 끝이 없어 머무르지 못하니
그들을 위해 큰 법의 배를 만드셔서
모두 제도를 얻게 하심이 그 행이로다.

중생무지불견본
衆生無知不見本하야

미혹치광험난중
迷惑癡狂險難中일새

불애민피건법교
佛哀愍彼建法橋하사

정념영승시기행
正念令昇是其行이로다

견제중생재험도
見諸衆生在險道하야

노병사고상핍박
老病死苦常逼迫하고

수제방편무한량
修諸方便無限量하사

서당실도시기행
誓當悉度是其行이로다

문법신해무의혹
聞法信解無疑惑하며

요성공적불경포
了性空寂不驚怖하고

수형육도변시방
隨形六道徧十方하사

보교군미시기행
普教群迷是其行이로다

중생들이 무지하여 근본을 보지 못해서
미혹하고 어리석어 험난한 길로 달아나니
부처님께서 그들을 애민히 여겨 법의 다리를 세우셔서
바른 마음으로 오르게 하심이 그 행이로다.

모든 중생들이 험한 길에서
늙고 병들고 죽는 고통에 항상 쫓김을 보시고
모든 방편을 한량없이 닦으셔서
맹세코 다 제도하심이 그 행이로다.

법을 듣고 믿고 이해하여 의혹이 없으시며
성품이 공적함을 알아 놀라지 아니하시고
형상은 육도를 따라 시방에 두루하시어
중생들을 널리 교화하심이 그 행이로다.

이시　광명　과십억세계　　변조동방백억
爾時에 光明이 過十億世界하야 徧照東方百億

세계　천억세계　백천억세계　　나유타억
世界와 千億世界와 百千億世界와 那由他億

세계　백나유타억세계　　천나유타억세계
世界와 百那由他億世界와 千那由他億世界와

백천나유타억세계　여시무수무량무변무
百千那由他億世界와 如是無數無量無邊無

등　불가수불가칭불가사불가량불가설　진
等과 不可數不可稱不可思不可量不可說인 盡

법계허공계　소유세계　남서북방　사유
法界虛空界의 所有世界하고 南西北方과 四維

상하　역부여시　피일일세계중　개유
上下도 亦復如是하시니 彼一一世界中에 皆有

백억염부제　내지백억색구경천　기중소
百億閻浮提와 乃至百億色究竟天이라 其中所

그때에 광명이 십억 세계를 지나서 동방으로 백억 세계와 천억 세계와 백천억 세계와 나유타억 세계와 백 나유타억 세계와 천 나유타억 세계와 백천 나유타억 세계와, 이와 같이 수없고, 한량없고, 가없고, 같음이 없고, 셀 수 없고, 일컬을 수 없고, 생각할 수 없고, 헤아릴 수 없고, 말할 수 없는, 온 법계 허공계에 있는 세계를 두루 비추었다. 남방과 서방과 북방과 네 간방과 상방과 하방도 또한 다시 이와 같이 하였다.

그 낱낱 세계 가운데 모두 백억 염부제와 내지 백억 색구경천이 있는데, 그 가운데 있는

유　　실개명현
有가 悉皆明現하니라

피일일염부제중　　실견여래　　좌연화장사
彼一一閻浮提中에 悉見如來가 坐蓮華藏師

자지좌　　　십불찰미진수보살　　소공위요
子之座어시든 十佛刹微塵數菩薩의 所共圍遶라

실이불신력고　　시방각유일대보살　　일일각
悉以佛神力故로 十方各有一大菩薩이 一一各

여십불찰미진수제보살　구　　내예불소
與十佛刹微塵數諸菩薩로 俱하야 來詣佛所하시니

기대보살　위문수사리등　　소종래국　위금
其大菩薩은 謂文殊師利等이며 所從來國은 謂金

색세계등　　본소사불　위부동지여래등
色世界等이며 本所事佛은 謂不動智如來等이니라

것이 모두 다 분명하게 나타났다.

그 낱낱 염부제 가운데 여래께서 연화장 사자좌에 앉으셨는데, 열 부처님 세계 미진수의 보살들에게 함께 둘러싸여 계시는 것을 다 보았다.

모두 부처님의 위신력으로 시방에 각각 한 큰 보살이 있고, 낱낱 보살이 각각 열 부처님 세계 미진수의 모든 보살들과 함께 부처님 처소에 나아갔다.

그 큰 보살은 문수사리 등이며, 좇아온 바 국토는 금색세계 등이며, 본래 섬기던 부처님은 부동지여래 등이셨다.

이시 일체처문수사리보살 각어불소 동
爾時에 一切處文殊師利菩薩이 各於佛所에 同

시 발 성 설 차 송 언
時發聲하야 說此頌言하니라

일념보관무량겁 무거무래역무주
一念普觀無量劫호니 無去無來亦無住라

여시요지삼세사 초제방편성십력
如是了知三世事하사 超諸方便成十力이로다

시방무비선명칭 영리제난상환희
十方無比善名稱이 永離諸難常歡喜하사

보예일체국토중 광위선양여시법
普詣一切國土中하야 廣爲宣揚如是法이로다

그때에 일체처의 문수사리 보살들이 각각 부처님 처소에서 동시에 소리를 내어 이 게송을 설하여 말씀하였다.

한 생각에 한량없는 겁을 널리 관하시니
감도 없고 옴도 없고 머무름도 없음이라
이와 같이 삼세의 일을 요달해 아셔서
모든 방편을 뛰어넘어 십력을 이루셨도다.

시방에 비할 데 없는 훌륭한 명칭이여
모든 어려움을 영원히 떠나 항상 환희하시며
일체 국토 가운데 널리 나아가셔서
널리 이와 같은 법을 선양하시도다.

위리중생공양불
爲利衆生供養佛일새

여기의획상사과
如其意獲相似果하시고

어일체법실순지
於一切法悉順知하사

변시방중현신력
徧十方中現神力이로다

종초공불의유인
從初供佛意柔忍하며

입심선정관법성
入深禪定觀法性하고

보권중생발도심
普勸衆生發道心이실새

이차속성무상과
以此速成無上果로다

시방구법정무이
十方求法情無異하고

위수공덕영만족
爲修功德令滿足하며

유무이상실멸제
有無二相悉滅除하면

차인어불위진견
此人於佛爲眞見이니라

중생들을 이롭게 하려고 부처님께 공양하셔서
그 뜻과 같이 상사한 결과를 얻으시고
일체 법을 다 수순해 아셔서
시방에 두루하여 위신력을 나타내시도다.

처음부터 부처님께 공양하고 뜻이 부드러우시며
깊은 선정에 들어가 법성을 관하시고
중생들에게 널리 권하여 도심을 내게 하시니
이것으로 위없는 결과를 빨리 이루셨도다.

시방으로 법을 구하여 마음에 다름이 없고
공덕을 닦아 만족케 하며
있고 없는 두 모양을 다 소멸해 없애면
이 사람은 부처님을 참으로 보리라.

보왕시방제국토
普往十方諸國土하야

광설묘법흥의리
廣說妙法興義利호대

주어실제부동요
住於實際不動搖하면

차인공덕동어불
此人功德同於佛이니라

여래소전묘법륜
如來所轉妙法輪이여

일체개시보리분
一切皆是菩提分이니

약능문이오법성
若能聞已悟法性하면

여시지인상견불
如是之人常見佛이니라

불견십력공여환
不見十力空如幻이면

수견비견여맹도
雖見非見如盲覩니

분별취상불견불
分別取相不見佛이요

필경이착내능견
畢竟離著乃能見이니라

널리 시방의 모든 국토에 가서
미묘한 법을 널리 설해 의리를 일으키되
실제에 머물러 동요하지 않으면
이 사람의 공덕은 부처님과 같으리라.

여래께서 굴리시는 미묘한 법륜은
일체가 다 보리에 나아가는 길이니
만약 능히 듣고 나서 법성을 깨달으면
이러한 사람은 항상 부처님을 보리라.

십력이 공하여 환과 같음을 보지 못하면
비록 보아도 보지 못함이 맹인의 봄과 같아서
분별하여 모양을 취하면 부처님을 보지 못하니
필경에 집착을 떠나야 이에 능히 보리라.

중생수업종종별
衆生隨業種種別을

시방내외난진견
十方內外難盡見이니

불신무애변시방
佛身無礙徧十方을

불가진견역여시
不可盡見亦如是니라

비여공중무량찰
譬如空中無量刹이

무래무거변시방
無來無去徧十方호대

생성멸괴무소의
生成滅壞無所依하야

불변허공역여시
佛徧虛空亦如是니라

중생이 업을 따라 갖가지 다름을
시방의 안팎으로 다 보기 어려우니
부처님 몸이 걸림 없어 시방에 두루하심을
다 보지 못함도 또한 이와 같도다.

비유하면 허공 가운데 한량없는 세계가
옴도 없고 감도 없이 시방에 두루하되
생겨나고 없어짐이 의지한 데 없듯이
부처님께서 허공에 두루하심도 또한 이와 같도다.

대방광불화엄경
제13권

10. 보살문명품

대방광불화엄경 권제십삼
大方廣佛華嚴經 卷第十三

보살문명품 제십
菩薩問明品 第十

이시 　문수사리보살 　문각수보살언
爾時에 **文殊師利菩薩**이 **問覺首菩薩言**하사대

불자 　심성 　시일 　운하견유종종차
佛子야 **心性**이 **是一**이어늘 **云何見有種種差**

별 　　소위왕선취악취 　제근만결 　수생
別이니잇고 **所謂往善趣惡趣**와 **諸根滿缺**과 **受生**

대방광불화엄경 제13권

10. 보살문명품

그때에 문수사리 보살이 각수 보살에게 물어 말씀하였다.

"불자여, 마음의 성품은 하나인데 어찌하여 갖가지 차별이 있음을 봅니까? 이른바 좋은 곳에 태어나기도 하고 나쁜 곳에 태어나기도

동이   단정추루   고락부동
同異와 端正醜陋와 苦樂不同이니라

업부지심   심부지업   수부지보   보부
業不知心하고 心不知業하며 受不知報하고 報不

지수   심부지수   수부지심   인부지
知受하며 心不知受하고 受不知心하며 因不知

연   연부지인   지부지경   경부지지
緣하고 緣不知因하며 智不知境하고 境不知智로다

하며, 모든 근이 원만하기도 하고 모자라기도 하며, 생을 받음이 같기도 하고 다르기도 하며, 단정하기도 하고 누추하기도 하며, 고통을 받고 즐거움을 받는 것이 같지 않습니다.

업이 마음을 알지 못하고 마음이 업을 알지 못하며, 느낌이 과보를 알지 못하고 과보가 느낌을 알지 못하며, 마음이 느낌을 알지 못하고 느낌이 마음을 알지 못하며, 인이 연을 알지 못하고 연이 인을 알지 못하며, 지혜가 경계를 알지 못하고 경계가 지혜를 알지 못합니다."

시　각수보살　이송답왈
時에 覺首菩薩이 以頌答曰

인금문시의
仁今問是義는

위효오군몽
爲曉悟群蒙이라

아여기성답
我如其性答호리니

유인응제청
惟仁應諦聽하소서

제법무작용
諸法無作用이며

역무유체성
亦無有體性이라

시고피일체
是故彼一切가

각각불상지
各各不相知니라

그때에 각수 보살이 게송으로 답하여 말씀하였다.

인자가 지금 이런 뜻을 묻는 것은
중생들을 밝게 깨우치기 위함이라
내가 그 성품과 같이 답하리니
오직 인자여, 마땅히 자세히 들으소서.

모든 법은 작용이 없으며
또한 체성도 없으니
그러므로 저 일체가
각각 서로 알지 못하니라.

비여하중수
譬如河中水가

단류경분서
湍流競奔逝호대

각각불상지
各各不相知인달하야

제법역여시
諸法亦如是니라

역여대화취
亦如大火聚가

맹염동시발
猛燄同時發호대

각각불상지
各各不相知인달하야

제법역여시
諸法亦如是니라

우여장풍기
又如長風起에

우물함고선
遇物咸鼓扇호대

각각불상지
各各不相知인달하야

제법역여시
諸法亦如是니라

비유하면 강 가운데 물이

빠르게 흐르며 다투어 달려가지만

각각 서로 알지 못하듯이

모든 법도 또한 이와 같으니라.

또한 큰 불무더기가

맹렬한 불꽃을 동시에 내지만

각각 서로 알지 못하듯이

모든 법도 또한 이와 같으니라.

또 강한 바람이 불어올 때

물건에 닿으면 다 흔들리지만

각각 서로 알지 못하듯이

모든 법도 또한 이와 같으니라.

우여중지계
又如衆地界가

전전인의주
展轉因依住호대

각각불상지
各各不相知인달하야

제법역여시
諸法亦如是니라

안이비설신
眼耳鼻舌身과

심의제정근
心意諸情根이

이차상유전
以此常流轉호대

이무능전자
而無能轉者니라

법성본무생
法性本無生호대

시현이유생
示現而有生하니

시중무능현
是中無能現이며

역무소현물
亦無所現物이니라

또 여러 땅덩이가

차례차례 의지하여 머무르지만

각각 서로 알지 못하듯이

모든 법도 또한 이와 같으니라.

눈과 귀와 코와 혀와 몸과

마음과 뜻과 모든 정식의 근들이

이로써 항상 유전하지만

능히 유전하는 이가 없도다.

법성은 본래 생겨남이 없으나

나타내 보여서 생겨남이 있으니

이 가운데는 능히 나타내는 이도 없고

또한 나타나는 사물도 없도다.

안 이 비 설 신
眼耳鼻舌身과

심 의 제 정 근
心意諸情根이

일 체 공 무 성
一切空無性이어늘

망 심 분 별 유
妄心分別有니라

여 리 이 관 찰
如理而觀察하면

일 체 개 무 성
一切皆無性이니

법 안 부 사 의
法眼不思議라

차 견 비 전 도
此見非顚倒니라

약 실 약 불 실
若實若不實과

약 망 약 비 망
若妄若非妄과

세 간 출 세 간
世閒出世閒이

단 유 가 언 설
但有假言說이니라

눈과 귀와 코와 혀와 몸과

마음과 뜻과 모든 정식의 근들이

일체가 공하여 자성이 없지만

망심으로 분별하여 있도다.

이치대로 관찰하면

일체가 다 자성이 없으니

법안은 부사의함이라

이렇게 보는 것이 전도가 아니니라.

진실함과 진실하지 않음과

허망함과 허망하지 않음과

세간과 출세간이

다만 거짓 언설일 뿐이니라.

이시　문수사리보살　문재수보살언
爾時에 文殊師利菩薩이 問財首菩薩言하사대

불자　일체중생　비중생　운하여래　수
佛子야 一切衆生이 非衆生인댄 云何如來가 隨

기시　수기명　수기신　수기행
其時하시며 隨其命하시며 隨其身하시며 隨其行하시며

수기해　수기언론　수기심락　수
隨其解하시며 隨其言論하시며 隨其心樂하시며 隨

기방편　수기사유　수기관찰　어여
其方便하시며 隨其思惟하시며 隨其觀察하사 於如

시제중생중　위현기신　교화조복
是諸衆生中에 爲現其身하야 教化調伏이니잇고

그때에 문수사리 보살이 재수 보살에게 물어 말씀하였다.

"불자여, 일체 중생이 중생이 아니라면, 어찌하여 여래께서 그 때를 따르시며 그 수명을 따르시며 그 몸을 따르시며 그 행을 따르시며 그 이해를 따르시며 그 언론을 따르시며 그 마음에 즐겨함을 따르시며 그 방편을 따르시며 그 사유를 따르시며 그 관찰함을 따르셔서, 이와 같은 모든 중생들 가운데 그 몸을 나타내어 교화하고 조복하십니까?"

시　　재수보살　　이송답왈
時에 財首菩薩이 以頌答曰

차시요적멸　　　　다문자경계
此是樂寂滅하는 　 多聞者境界라

아위인선설　　　　인금응청수
我爲仁宣說호리니 仁今應聽受하소서

분별관내신　　　　차중수시아
分別觀內身컨댄 　 此中誰是我오

약능여시해　　　　피달아유무
若能如是解하면 　 彼達我有無니라

그때에 재수 보살이 게송으로 답하여 말씀하였다.

이것은 적멸을 좋아하는
많이 들은 이들의 경계라
내가 인자를 위하여 선설하리니
인자여, 이제 마땅히 들으소서.

분별하여 이 몸을 관찰하면
이 가운데 무엇이 '나'인가?
만약 능히 이와 같이 이해하면
그는 '나'의 있고 없음을 요달하리라.

차 신 가 안 립
此身假安立이라

주 처 무 방 소
住處無方所하니

체 료 시 신 자
諦了是身者는

어 중 무 소 착
於中無所著이니라

어 신 선 관 찰
於身善觀察하야

일 체 개 명 견
一切皆明見하면

지 법 개 허 망
知法皆虛妄하야

불 기 심 분 별
不起心分別이니라

수 명 인 수 기
壽命因誰起며

부 인 수 퇴 멸
復因誰退滅고

유 여 선 화 륜
猶如旋火輪이

초 후 불 가 지
初後不可知니라

이 몸은 임시로 안립하여
머무르는 곳도 방소가 없으니
이 몸을 참으로 요달한 이는
여기에 집착하지 아니하리라.

몸을 잘 관찰하여
일체를 모두 밝게 보면
법이 다 허망함을 알아서
마음에 분별을 일으키지 아니하리라.

수명은 무엇을 인하여 생기며
또 무엇을 인하여 없어지는가?
마치 회전하는 불 바퀴와 같아서
처음과 끝을 알지 못하리라.

지자능관찰
智者能觀察

일체유무상
一切有無常하며

제법공무아
諸法空無我하야

영리일체상
永離一切相이니라

중보수업생
衆報隨業生이

여몽부진실
如夢不眞實하니

염념상멸괴
念念常滅壞하야

여전후역이
如前後亦爾니라

세간소견법
世間所見法이

단이심위주
但以心爲主어늘

수해취중상
隨解取衆相일새

전도불여실
顚倒不如實이니라

지혜로운 이는 능히

일체 존재가 무상하며

모든 법이 공하여 무아임을 관찰하여

일체 형상을 영원히 여의니라.

온갖 과보가 업을 따라 생기는 것이

꿈과 같아서 진실하지 않으니

순간순간 항상 소멸하여

앞과 같이 뒤도 또한 그러하니라.

세간에서 보는 바 법이

다만 마음으로 주인이 되거늘

이해를 따라 온갖 모양을 취하니

전도하여 실답지 못하도다.

세간소언론
世間所言論이

일체시분별
一切是分別이니

미증유일법
未曾有一法도

득입어법성
得入於法性이니라

능연소연력
能緣所緣力으로

종종법출생
種種法出生이니

속멸부잠정
速滅不暫停하야

염념실여시
念念悉如是니라

이시 문수사리보살 문보수보살언
爾時에 **文殊師利菩薩**이 **問寶首菩薩言**하사대

세간에서 말로 논하는 것이

일체가 분별이니

일찍이 한 법도

법성에 들어감이 없도다.

반연의 주체와 대상의 힘으로

갖가지 법이 출생하여

빨리 소멸하고 잠깐도 머무르지 아니하니

순간순간 모두 그러하니라.

그때에 문수사리 보살이 보수 보살에게 물어

말씀하였다.

불자 일체중생 등유사대 무아무아
佛子야 一切衆生이 等有四大호대 無我無我

소 운하이유수고수락 단정추루 내호
所어늘 云何而有受苦受樂과 端正醜陋와 內好

외호 소수다수 혹수현보 혹수후보
外好와 少受多受와 或受現報와 或受後報이닛고

연 법계중 무미무악
然이나 法界中엔 無美無惡니이다

시 보수보살 이송답왈
時에 寶首菩薩이 以頌答曰

"불자여, 일체 중생이 동등하게 사대가 있되 '나'도 없고 '내 것'도 없거늘, 어찌하여 괴로움을 받고 즐거움을 받으며, 단정하고 누추하며, 안으로 좋아하고 밖으로 좋아하며, 적게 받고 많이 받으며, 혹은 현재 과보를 받고 혹은 후세에 과보를 받음이 있습니까? 그러나 법계 가운데는 아름다운 것도 없고 악한 것도 없습니다."

그때에 보수 보살이 게송으로 답하여 말씀하였다.

수 기 소 행 업
隨其所行業하야

여 시 과 보 생
如是果報生이나

작 자 무 소 유
作者無所有니

제 불 지 소 설
諸佛之所說이로다

비 여 정 명 경
譬如淨明鏡이

수 기 소 대 질
隨其所對質하야

현 상 각 부 동
現像各不同인달하야

업 성 역 여 시
業性亦如是니라

역 여 전 종 자
亦如田種子가

각 각 불 상 지
各各不相知호대

자 연 능 출 생
自然能出生인달하야

업 성 역 여 시
業性亦如是니라

그 행한 업을 따라서
이와 같은 과보가 생기나
지은 이가 없으니
모든 부처님께서 말씀하신 바로다.

비유하면 깨끗하고 밝은 거울이
그 대하는 물질을 따라
영상을 나타냄이 각각 같지 않듯이
업의 성품도 또한 이와 같도다.

또 밭과 종자가
각각 서로 알지 못하나
자연히 능히 출생하듯이
업의 성품도 또한 이와 같도다.

우여교환사　　　　　재피사구도
又如巧幻師가　　　　在彼四衢道하야

시현중색상　　　　　업성역여시
示現衆色相인달하야　業性亦如是니라

여기관목인　　　　　능출종종성
如機關木人이　　　　能出種種聲호대

피무아비아　　　　　업성역여시
彼無我非我인달하야　業性亦如是니라

역여중조류　　　　　종각이득출
亦如衆鳥類가　　　　從殼而得出호대

음성각부동　　　　　업성역여시
音聲各不同인달하야　業性亦如是니라

또 교묘한 마술사가

저 네거리에서

온갖 색상을 나타내 보이듯이

업의 성품도 또한 이와 같도다.

기관으로 만든 나무 인형이

갖가지 소리를 능히 내지만

그것은 '나'와 '나 아님'이 없듯이

업의 성품도 또한 이와 같도다.

또 온갖 새들이

알 속에서 나왔으나

소리는 각각 같지 않듯이

업의 성품도 또한 이와 같도다.

비여태장중
譬如胎藏中에

제근실성취
諸根悉成就나

체상무래처
體相無來處인달하야

업성역여시
業性亦如是니라

우여재지옥
又如在地獄에

종종제고사
種種諸苦事여

피실무소종
彼悉無所從인달하야

업성역여시
業性亦如是니라

비여전륜왕
譬如轉輪王이

성취승칠보
成就勝七寶나

내처불가득
來處不可得인달하야

업성역여시
業性亦如是니라

비유하면 태 속에서
모든 근이 다 이루어지나
체상은 온 곳이 없듯이
업의 성품도 또한 이와 같도다.

또 지옥에서
갖가지 모든 고통스러운 일들이
그 모두 온 곳이 없듯이
업의 성품도 또한 이와 같도다.

비유하면 전륜왕이
수승한 칠보를 성취하지만
온 곳을 얻지 못하듯이
업의 성품도 또한 이와 같도다.

우여제세계 대화소소연
又如諸世界가 **大火所燒然**이나

차화무래처 업성역여시
此火無來處인달하야 **業性亦如是**니라

이시 문수사리보살 문덕수보살언
爾時에 **文殊師利菩薩**이 **問德首菩薩言**하사대

불자 여래소오 유시일법 운하내설무
佛子야 **如來所悟**는 **唯是一法**이어늘 **云何乃說無**

량제법 현무량찰 화무량중 연
量諸法하시며 **現無量刹**하시며 **化無量衆**하시며 **演**

무량음 시무량신 지무량심 현
無量音하시며 **示無量身**하시며 **知無量心**하시며 **現**

또 모든 세계가

큰 불에 타버리는 것이나

이 불은 온 곳이 없듯이

업의 성품도 또한 이와 같도다.

그때에 문수사리 보살이 덕수 보살에게 물어

말씀하였다.

"불자여, 여래께서 깨달으신 것은 오직 이 한

법뿐인데, 어찌하여 이에 한량없는 모든 법을

설하시며 한량없는 세계를 나타내시며 한량없

는 중생을 교화하시며 한량없는 음성을 펴시

무량신통　　　보능진동무량세계　　　시현
無量神通하시며 普能震動無量世界하시며 示現

무량수승장엄　　　현시무변종종경계
無量殊勝莊嚴하시며 顯示無邊種種境界이닛고

이법성중　차차별상　개불가득
而法性中엔 此差別相을 皆不可得이니이다

시　덕수보살　이송답왈
時에 德首菩薩이 以頌答曰

며 한량없는 몸을 보이시며 한량없는 마음을 아시며 한량없는 신통을 나타내시며 한량없는 세계를 널리 능히 진동하시며 한량없는 수승한 장엄을 나타내 보이시며 가없는 갖가지 경계를 나타내 보이십니까? 그러나 법의 성품 가운데는 이러한 차별한 모습을 다 얻을 수 없습니다."

그때에 덕수 보살이 게송으로 답하여 말씀하였다.

불자소문의
佛子所問義가

심심난가료
甚深難可了하니

지자능지차
智者能知此하야

상락불공덕
常樂佛功德이니라

비여지성일
譬如地性一에

중생각별주
衆生各別住호대

지무일이념
地無一異念인달하야

제불법여시
諸佛法如是니라

역여화성일
亦如火性一이

능소일체물
能燒一切物호대

화염무분별
火燄無分別인달하야

제불법여시
諸佛法如是니라

불자가 물은 뜻은
매우 깊어 알기 어려우니
지혜 있는 이가 이것을 능히 알아서
항상 부처님의 공덕을 즐기도다.

비유하면 땅의 성품은 하나인데
중생들이 각각 달리 살지만
땅은 하나다 다르다는 생각이 없듯이
모든 부처님의 법도 이와 같도다.

또 불의 성품은 하나인데
능히 일체 사물을 태우지만
불꽃은 분별이 없듯이
모든 부처님의 법도 이와 같도다.

역여대해일
亦如大海一에

파도천만이
波濤千萬異나

수무종종수
水無種種殊인달하야

제불법여시
諸佛法如是니라

역여풍성일
亦如風性一이

능취일체물
能吹一切物호대

풍무일이념
風無一異念인달하야

제불법여시
諸佛法如是니라

역여대운뢰
亦如大雲雷가

보우일체지
普雨一切地호대

우적무차별
雨滴無差別인달하야

제불법여시
諸佛法如是니라

또 큰 바다는 하나인데
파도는 천만 가지로 다르지만
물은 갖가지 다름이 없듯이
모든 부처님의 법도 이와 같도다.

또 바람의 성품은 하나인데
일체 사물에 능히 불지만
바람은 하나다 다르다는 생각이 없듯이
모든 부처님의 법도 이와 같도다.

또 큰 구름과 우레가
널리 일체 땅에 비를 내리지만
빗방울은 차별이 없듯이
모든 부처님의 법도 이와 같도다.

역여지계일
亦如地界一이

능생종종아
能生種種芽호대

비지유수이
非地有殊異인달하야

제불법여시
諸佛法如是니라

여일무운에
如日無雲曀에

보조어시방
普照於十方이나

광명무이성
光明無異性인달하야

제불법여시
諸佛法如是니라

역여공중월
亦如空中月을

세간미불견
世閒靡不見이나

비월왕기처
非月往其處인달하야

제불법여시
諸佛法如是니라

또 땅덩이는 하나인데

갖가지 싹을 능히 내지만

땅은 다름이 없듯이

모든 부처님의 법도 이와 같도다.

해가 구름에 가리지 않아

널리 시방을 비추지만

광명은 다른 성품이 없듯이

모든 부처님의 법도 이와 같도다.

또 허공 가운데 달을

세간에서 다 보지만

달이 그곳에 간 것은 아니듯이

모든 부처님의 법도 이와 같도다.

비여대범왕   응현만삼천
譬如大梵王이   **應現滿三千**호대

기신무별이   제불법여시
其身無別異인달하야 **諸佛法如是**니라

이시 문수사리보살 문목수보살언
爾時에 **文殊師利菩薩**이 **問目首菩薩言**하사대

불자 여래복전 등일무이 운하이견중
佛子야 **如來福田**이 **等一無異**어늘 **云何而見衆**

생 보시 과보부동
生이 **布施**에 **果報不同**이니잇고

소위종종색 종종형 종종가 종종근 종
所謂種種色과 **種種形**과 **種種家**와 **種種根**과 **種**

비유하면 대범천왕이

마땅히 삼천세계에 가득 나타나지만

그 몸은 다른 차이가 없듯이

모든 부처님의 법도 이와 같도다.

그때에 문수사리 보살이 목수 보살에게 물어 말씀하였다.

"불자여, 여래의 복전이 평등하게 하나여서 다름이 없는데, 어찌하여 중생들이 보시함에 과보가 같지 않음을 봅니까?

이른바 갖가지 색과 갖가지 형상과 갖가지

종재　　종종주　　종종권속　　종종관위　　종종
種財와　種種主와　種種眷屬과　種種官位와　種種

공덕　　종종지혜　　이불어피　　기심평등
功德과　種種智慧니　而佛於彼에　其心平等하야

무이사유
無異思惟니이다

시　목수보살　이송답왈
時에　目首菩薩이　以頌答曰

비여대지일　　　　　수종각생아
譬如大地一이　　　　隨種各生芽호대

어피무원친　　　　　불복전역연
於彼無怨親인달하야　佛福田亦然이니라

집과 갖가지 근과 갖가지 재물과 갖가지 주인과 갖가지 권속과 갖가지 벼슬 지위와 갖가지 공덕과 갖가지 지혜입니다. 그러나 부처님께서는 그것에 그 마음이 평등하여 다른 생각이 없으십니다."

그때에 목수 보살이 게송으로 답하여 말씀하였다.

비유하면 대지는 하나인데
종자를 따라 각각 싹을 내되
거기에 원수와 친한 이가 없듯이
부처님의 복전도 또한 그러하니라.

우여수일미
又如水一味가

인기유차별
因器有差別인달하야

불복전역연
佛福田亦然하야

중생심고이
衆生心故異니라

역여교환사
亦如巧幻師가

능령중환희
能令衆歡喜인달하야

불복전여시
佛福田如是하야

영중생경열
令衆生敬悅이니라

여유재지왕
如有才智王이

능령대중희
能令大衆喜인달하야

불복전여시
佛福田如是하야

영중실안락
令衆悉安樂이니라

또 물은 한 맛인데

그릇을 인해서 차별이 있듯이

부처님의 복전도 또한 그러하여

중생의 마음인 까닭에 다르니라.

또한 교묘한 마술사가

능히 여러 사람을 환희하게 하듯이

부처님의 복전도 이와 같아서

중생들로 하여금 공경하고 기쁘게 하느니라.

마치 재주 있고 지혜로운 왕이

능히 대중들을 기쁘게 하듯이

부처님의 복전도 이와 같아서

대중들을 모두 안락하게 하느니라.

비여정명경
譬如淨明鏡이

수색이현상
隨色而現像인달하야

불복전여시
佛福田如是하야

수심획중보
隨心獲衆報니라

여아가타약
如阿揭陀藥이

능료일체독
能療一切毒인달하야

불복전여시
佛福田如是하야

멸제번뇌환
滅諸煩惱患이니라

역여일출시
亦如日出時에

조요어세간
照曜於世間인달하야

불복전여시
佛福田如是하야

멸제제흑암
滅除諸黑暗이니라

비유하면 깨끗하고 밝은 거울이

색상을 따라 영상을 나타내듯이

부처님의 복전도 이와 같아서

마음을 따라 온갖 과보를 얻느니라.

마치 아가타약이

능히 일체 독을 치료하듯이

부처님의 복전도 이와 같아서

모든 번뇌의 근심을 소멸하느니라.

또한 해가 뜰 때에

세간을 밝게 비추듯이

부처님의 복전도 이와 같아서

모든 어두움을 없애느니라.

역여정만월
亦如淨滿月이

보조어대지
普照於大地인달하야

불복전역연
佛福田亦然하야

일체처평등
一切處平等이니라

비여비람풍
譬如毗藍風이

보진어대지
普震於大地인달하야

불복전여시
佛福田如是하야

동삼유중생
動三有衆生이니라

비여대화기
譬如大火起에

능소일체물
能燒一切物인달하야

불복전여시
佛福田如是하야

소일체유위
燒一切有爲니라

또 청정한 보름달이
대지를 널리 비추듯이
부처님의 복전도 또한 그러하여
일체처에 평등하도다.

비유하면 거센 폭풍이
대지를 널리 진동시키듯이
부처님의 복전도 이와 같아서
삼유의 중생들을 움직이도다.

비유하면 큰 불이 일어남에
일체의 사물들을 능히 태우듯이
부처님의 복전도 이와 같아서
일체의 유위법을 태우느니라.

이시   문수사리보살   문근수보살언
爾時에 文殊師利菩薩이 問勤首菩薩言하사대

불자   불교   시일   중생   득견   운하부
佛子야 佛敎가 是一이어늘 衆生이 得見에 云何不

즉실단일체제번뇌박   이득출리
卽悉斷一切諸煩惱縛하고 而得出離이닛고

연기색온수온상온행온식온   욕계색계무
然其色蘊受蘊想蘊行蘊識蘊과 欲界色界無

색계   무명탐애   무유차별   시즉불교
色界와 無明貪愛는 無有差別하니 是則佛敎가

어제중생   혹유이익   혹무이익
於諸衆生에 或有利益이며 或無利益이니이다

그때에 문수사리 보살이 근수 보살에게 물어 말씀하였다.

"불자여, 부처님의 가르침은 하나인데, 중생들이 보고 어찌하여 즉시에 일체 모든 번뇌의 속박을 모두 끊어 벗어나지 못합니까?

그러나 그 색온과 수온과 상온과 행온과 식온과, 욕계와 색계와 무색계와, 무명과 탐애는 차별이 없으니, 이것은 곧 부처님의 가르침이 모든 중생들에게 혹은 이익이 있기도 하고 혹은 이익이 없기도 한 것입니다."

시　근수보살　이송답왈
時에 勤首菩薩이 以頌答曰

불자선제청　　아금여실답
佛子善諦聽하소서　我今如實答호리니

혹유속해탈　　혹유난출리
或有速解脫이며　或有難出離니라

약욕구제멸　　무량제과악
若欲求除滅　　無量諸過惡인댄

당어불법중　　용맹상정진
當於佛法中에　勇猛常精進이니라

그때에 근수 보살이 게송으로 답하여 말씀
하였다.

불자여, 자세히 잘 들으소서

내가 이제 여실히 답하리니

혹 어떤 이는 빨리 해탈하고

혹 어떤 이는 벗어나기 어려우니라.

만약 한량없는 모든 허물을

없애고자 한다면

마땅히 부처님의 법 가운데서

용맹하게 항상 정진할지니라.

비여미소화
譬如微少火_에

초습속영멸
譙澤速令滅_{인달하야}

어불교법중
於佛敎法中_에

해태자역연
懈怠者亦然_{이니라}

여찬수구화
如鑽燧求火_에

미출이삭식
未出而數息_{이면}

화세수지멸
火勢隨止滅_{인달하야}

해태자역연
懈怠者亦然_{이니라}

여인지일주
如人持日珠_{호대}

불이물승영
不以物承影_{이면}

화종불가득
火終不可得_{인달하야}

해태자역연
懈怠者亦然_{이니라}

비유하면 조그마한 불은

땔감이 젖어 있으면 빨리 꺼지듯이

부처님의 교법 가운데

게으른 이도 또한 그러하니라.

마치 나무를 비벼서 불을 구할 때

불이 나기 전에 자주 쉰다면

불 기운도 따라서 없어지듯이

게으른 이도 또한 그러하니라.

마치 사람이 화경을 가졌으나

물질로 햇볕을 받지 아니하면

불을 마침내 얻을 수 없듯이

게으른 이도 또한 그러하니라.

비여혁일조
譬如赫日照에

해치폐기목
孩稚閉其目하고

괴언하부도
怪言何不覩인달하야

해태자역연
懈怠者亦然이니라

여인무수족
如人無手足하고

욕이망초전
欲以芒草箭으로

변사파대지
徧射破大地인달하야

해태자역연
懈怠者亦然이니라

여이일모단
如以一毛端으로

이취대해수
而取大海水하야

욕령진건갈
欲令盡乾竭인달하야

해태자역연
懈怠者亦然이니라

비유하면 밝은 해가 비침에

어린아이가 그 눈을 가리고서

어찌 보이지 않느냐고 말하듯이

게으른 이도 또한 그러하니라.

마치 사람이 손발도 없이

억새풀로 만든 화살로

두루 쏘아서 대지를 깨뜨리려 하듯이

게으른 이도 또한 그러하니라.

마치 한 터럭 끝으로

큰 바다의 물을 찍어 내어

모두 말리려 하듯이

게으른 이도 또한 그러하니라.

우 여 겁 화 기
又如劫火起에

욕 이 소 수 멸
欲以少水滅인달하야

어 불 교 법 중
於佛敎法中에

해 태 자 역 연
懈怠者亦然이니라

여 유 견 허 공
如有見虛空에

단 거 불 요 동
端居不搖動하고

이 언 보 등 섭
而言普騰躡인달하야

해 태 자 역 연
懈怠者亦然이니라

이 시   문 수 사 리 보 살   문 법 수 보 살 언
爾時에 文殊師利菩薩이 問法首菩薩言하사대

또 겁화가 일어날 적에
적은 물로 끄려고 하듯이
부처님의 교법 가운데
게으른 이도 또한 그러하니라.

어떤 이가 허공을 보고
단정히 앉아서 움직이지 않고
말로만 허공에 올랐다고 하듯이
게으른 이도 또한 그러하니라.

그때에 문수사리 보살이 법수 보살에게 물어

말씀하였다.

불자　　여불소설　　약유중생　　수지정법
佛子야 如佛所說하야 若有衆生이 受持正法하면

실능제단일체번뇌　　　하고　　부유수지정
悉能除斷一切煩惱어늘 何故로 復有受持正

법　　　이부단자
法호대 而不斷者니잇고

수탐진치　　수만　　수부　　수분　　수한　　수질
隨貪瞋癡와 隨慢과 隨覆와 隨忿과 隨恨과 隨嫉과

수간　　수광　　수첨　　세력소전　　　무유이
隨慳과 隨誑과 隨諂이 勢力所轉으로 無有離

심　　　능수지법　　　하고　　부어심행지내　　기
心하니 能受持法인댄 何故로 復於心行之內에 起

제번뇌
諸煩惱니잇고

"불자여, 부처님께서 말씀하신 바와 같이 만약 어떤 중생이 바른 법을 받아 지니면 다 능히 일체 번뇌를 끊어 없앨 것인데, 무슨 연고로 다시 바른 법을 받아 지니고도 끊지 못하는 이가 있습니까?

탐욕과 성냄과 어리석음을 따르고 아만을 따르고 감춤을 따르고 분심을 따르고 한을 따르고 질투를 따르고 아낌을 따르고 속임을 따르고 아첨을 따르는 것이, 힘에 구르는 바 되어 여의려는 마음이 없습니다. 정법을 능히 받아 지니고도 무슨 연고로 다시 심행 안에 모든 번뇌를 일으킵니까?"

시　법수보살　이송답왈
時에 法首菩薩이 以頌答曰

불자선제청　　　　소문여실의
佛子善諦聽하소서　所問如實義니

비단이다문　　　　능입여래법
非但以多聞으로　　能入如來法이니라

여인수소표　　　　구익이갈사
如人水所漂에　　　懼溺而渴死인달하야

어법불수행　　　　다문역여시
於法不修行이면　　多聞亦如是니라

그때에 법수 보살이 게송으로 답하여 말씀하였다.

불자여, 자세히 잘 들으소서
물은 것이 여실한 뜻이니
다만 많이 듣는 것만으로는
여래의 법에 능히 들어가지 못하니라.

어떤 사람이 물에 떠내려가면서
빠질까 두려워 목말라 죽는 것과 같이
법을 수행하지 아니하면
많이 들음도 또한 이와 같도다.

여인설미선
如人設美膳호대

자아이불식
自餓而不食인달하야

어법불수행
於法不修行이면

다문역여시
多聞亦如是니라

여인선방약
如人善方藥호대

자질불능구
自疾不能救인달하야

어법불수행
於法不修行이면

다문역여시
多聞亦如是니라

여인수타보
如人數他寶호대

자무반전분
自無半錢分인달하야

어법불수행
於法不修行이면

다문역여시
多聞亦如是니라

어떤 사람이 좋은 음식을 차려 놓고도
스스로 주리면서 먹지 않는 것과 같이
법을 수행하지 아니하면
많이 들음도 또한 이와 같도다.

어떤 사람이 약방문을 잘 알면서도
자신의 병은 능히 고치지 못하듯이
법을 수행하지 아니하면
많이 들음도 또한 이와 같도다.

어떤 사람이 남의 보물을 세면서
자기에게는 반 푼도 없듯이
법을 수행하지 아니하면
많이 들음도 또한 이와 같도다.

여유생왕궁
如有生王宮호대

이수뇌여한
而受餧與寒인달하야

어법불수행
於法不修行이면

다문역여시
多聞亦如是니라

여롱주음악
如聾奏音樂에

열피부자문
悅彼不自聞인달하야

어법불수행
於法不修行이면

다문역여시
多聞亦如是니라

여맹궤중상
如盲繢衆像에

시피부자견
示彼不自見인달하야

어법불수행
於法不修行이면

다문역여시
多聞亦如是니라

마치 왕궁에서 태어났으나
배고프고 추위에 떠는 것과 같이
법을 수행하지 아니하면
많이 들음도 또한 이와 같도다.

마치 귀먹은 이가 음악을 연주함에
남은 기쁘게 하나 자신은 듣지 못하듯이
법을 수행하지 아니하면
많이 들음도 또한 이와 같도다.

마치 눈먼 이가 온갖 형상을 그림에
남에게는 보이면서 자신은 보지 못하듯이
법을 수행하지 아니하면
많이 들음도 또한 이와 같도다.

비여해선사
譬如海船師가

이어해중사
而於海中死인달하야

어법불수행
於法不修行이면

다문역여시
多聞亦如是니라

여재사구도
如在四衢道하야

광설중호사
廣說衆好事호대

내자무실덕
內自無實德인달하야

불행역여시
不行亦如是니라

이시 문수사리보살 문지수보살언
爾時에 文殊師利菩薩이 問智首菩薩言하사대

비유하면 바다의 뱃사공이

바다 가운데서 죽는 것과 같이

법을 수행하지 아니하면

많이 들음도 또한 이와 같도다.

마치 네거리 길에서

온갖 좋은 일을 널리 설하되

안으로 자신에게는 진실한 공덕이 없듯이

행하지 않음도 또한 이와 같도다.

그때에 문수사리 보살이 지수 보살에게 물어

말씀하였다.

佛子야 於佛法中에 智爲上首어늘 如來가 何故로

或爲衆生하사 讚歎布施하시며 或讚持戒하시며 或

讚堪忍하시며 或讚精進하시며 或讚禪定하시며 或

讚智慧하시며 或復讚歎慈悲喜捨니잇고

而終無有唯以一法으로 而得出離하야 成阿耨

多羅三藐三菩提者니이다

時에 智首菩薩이 以頌答曰

"불자여, 불법 가운데 지혜가 으뜸이거늘 여래께서 무슨 연고로 혹은 중생을 위하여 보시를 찬탄하시며, 혹은 지계를 찬탄하시며, 혹은 인욕을 찬탄하시며, 혹은 정진을 찬탄하시며, 혹은 선정을 찬탄하시며, 혹은 지혜를 찬탄하시며, 혹은 다시 자비희사를 찬탄하십니까?

그러나 마침내 오직 한 법만으로 벗어남을 얻어서 아뇩다라삼먁삼보리를 이루는 이는 없습니다."

그때에 지수 보살이 게송으로 답하여 말씀하였다.

불자심희유
佛子甚希有하야

능지중생심
能知衆生心하시니

여인소문의
如仁所問義라

제청아금설
諦聽我今說호리이다

과거미래세
過去未來世와

현재제도사
現在諸導師가

무유설일법
無有說一法하야

이득어도자
而得於道者니라

불지중생심
佛知衆生心의

성분각부동
性分各不同하사

수기소응도
隨其所應度하야

여시이설법
如是而說法하사대

불자여, 매우 희유합니다
중생의 마음을 능히 알아서
인자의 물은 바 뜻과 같으니
내가 이제 설함을 자세히 들으소서.

과거와 미래세와
현재의 모든 도사께서
한 법만을 설하시어
도를 얻으시는 분은 없느니라.

부처님께서는 중생의 마음과
성품이 각각 같지 않음을 아셔서
그 마땅히 제도할 바를 따르시어
이와 같이 법을 설하시니라.

간 자 위 찬 시
慳者爲讚施하고

훼 금 자 찬 계
毀禁者讚戒하며

다 진 위 찬 인
多瞋爲讚忍하고

호 해 찬 정 진
好懈讚精進하며

난 의 찬 선 정
亂意讚禪定하고

우 치 찬 지 혜
愚癡讚智慧하며

불 인 찬 자 민
不仁讚慈愍하고

노 해 찬 대 비
怒害讚大悲하며

우 척 위 찬 희
憂慼爲讚喜하고

곡 심 찬 탄 사
曲心讚歎捨하시니

여 시 차 제 수
如是次第修하면

점 구 제 불 법
漸具諸佛法이니라

인색한 이에게는 보시를 찬탄하시고
금계를 훼손한 이에게는 계를 찬탄하시며
성냄이 많으면 인욕을 칭찬하시고
게으른 이에게는 정진을 찬탄하시도다.

생각이 어지러우면 선정을 찬탄하시고
어리석으면 지혜를 찬탄하시며
어질지 못하면 자애와 애민을 찬탄하시고
노하여 해치면 대비를 찬탄하시도다.

근심하면 환희를 찬탄하시고
마음이 굽으면 버릴 것을 찬탄하시니
이와 같이 차례로 수행하면
점점 모든 부처님의 법을 갖추리라.

여선립기도　　　　　　　이후조궁실
如先立基堵하고　　　　　**而後造宮室**인달하야

시계역부연　　　　　　　보살중행본
施戒亦復然하야　　　　　**菩薩衆行本**이니라

비여건성곽　　　　　　　위호제인중
譬如建城郭은　　　　　　**爲護諸人衆**인달하야

인진역여시　　　　　　　방호제보살
忍進亦如是하야　　　　　**防護諸菩薩**이니라

비여대력왕　　　　　　　솔토함대앙
譬如大力王을　　　　　　**率土咸戴仰**인달하야

정혜역여시　　　　　　　보살소의뢰
定慧亦如是하야　　　　　**菩薩所依賴**니라

마치 집터와 담장을 먼저 세우고
이후에 집을 짓듯이
보시와 계행도 또한 다시 그러하여
보살의 온갖 행의 근본이니라.

비유하면 성곽을 세우는 것은
모든 백성들을 보호하기 위함이듯이
인욕과 정진도 또한 이와 같아서
모든 보살들을 보호하느니라.

비유하면 큰 힘을 가진 왕을
온 천하가 다 우러러 받들듯이
선정과 지혜도 또한 이와 같아서
보살들의 의지하는 곳이니라.

역여전륜왕   능여일체락
亦如轉輪王이   能與一切樂인달하야

사등역여시   여제보살락
四等亦如是하야   與諸菩薩樂이니라

이시   문수사리보살   문현수보살언
爾時에 文殊師利菩薩이 問賢首菩薩言하사대

불자   제불세존   유이일도   이득출리
佛子야 諸佛世尊이 唯以一道로 而得出離어시늘

운하금견일체불토   소유중사   종종부
云何今見一切佛土의 所有衆事가 種種不

동
同이니잇고

또한 전륜왕이

능히 일체 즐거움을 주듯이

자비희사도 또한 이와 같아서

모든 보살들에게 즐거움을 주느니라.

그때에 문수사리 보살이 현수 보살에게 물어 말씀하였다.

"불자여, 모든 부처님 세존께서는 오직 한 길로 벗어남을 얻으셨는데, 어찌하여 지금 일체 부처님 국토에 있는 온갖 일이 갖가지로 같지 않음을 봅니까?

所謂世界와 衆生界와 說法과 調伏과 壽量과 光

明과 神通과 衆會와 敎儀와 法住가 各有差別이니

無有不具一切佛法하고 而成阿耨多羅三藐三

菩提者니이다

時에 賢首菩薩이 以頌答曰

文殊法常爾하야　　法王唯一法이니

一切無礙人이　　一道出生死니라

이른바 세계와 중생계와 설법과 조복과 수명과 광명과 신통과 대중모임과 가르치는 의식과 법의 머무름이 각각 차별이 있습니다. 일체 불법을 구족하지 않고 아뇩다라삼먁삼보리를 성취한 이가 없습니다."

그때에 현수 보살이 게송으로 답하여 말씀하였다.

문수여, 법이 항상 그러하여
법왕께서는 오직 한 법뿐이시니
일체에 걸림 없는 사람은
한길로 생사를 벗어나도다.

일체제불신
一切諸佛身이

유시일법신
唯是一法身이며

일심일지혜
一心一智慧니

역무외역연
力無畏亦然이니라

여본취보리
如本趣菩提에

소유회향심
所有迴向心하야

득여시찰토
得如是刹土와

중회급설법
衆會及說法이니라

일체제불찰
一切諸佛刹이

장엄실원만
莊嚴悉圓滿이나

수중생행이
隨衆生行異하야

여시견부동
如是見不同이니라

일체 모든 부처님의 몸이

오직 한 법신뿐이시며

한 마음 한 지혜이시니

힘과 두려움 없음도 또한 그러하도다.

처음 보리에 나아갈 적에

가진 바 회향심과 같이 해서

이와 같은 세계와

대중모임과 설법을 얻으시도다.

일체 모든 부처님의 세계가

장엄하여 다 원만하지만

중생들의 행이 다름을 따라서

이와 같이 보는 것도 같지 않도다.

불찰여불신
佛刹與佛身과

중회급언설
衆會及言說이여

여시제불법
如是諸佛法을

중생막능견
衆生莫能見이니라

기심이청정
其心已淸淨하고

제원개구족
諸願皆具足한

여시명달인
如是明達人이라야

어차내능도
於此乃能覩니라

수중생심락
隨衆生心樂과

급이업과력
及以業果力하야

여시견차별
如是見差別하니

차불위신고
此佛威神故니라

부처님 세계와 부처님 몸과
대중모임과 그리고 언설이여
이와 같은 모든 부처님 법을
중생들은 능히 볼 수 없도다.

그 마음이 이미 청정하고
모든 원이 다 구족하여
이와 같이 밝게 통달한 사람이라야
이것을 능히 보리라.

중생들의 마음에 즐기는 것과
업으로 과보 받는 힘을 따라서
이와 같이 차별함을 보니
이것은 부처님의 위신력인 까닭이니라.

불찰무분별
佛刹無分別이며

무증무유애
無憎無有愛로대

단수중생심
但隨衆生心하야

여시견유수
如是見有殊니라

이시어세계
以是於世界에

소견각차별
所見各差別이니

비일체여래
非一切如來

대선지과구
大仙之過咎니라

일체제세계
一切諸世界에

소응수화자
所應受化者는

상견인중웅
常見人中雄하나니

제불법여시
諸佛法如是니라

부처님의 세계는 분별이 없으며
미워함도 없고 사랑함도 없으나
다만 중생들의 마음을 따라서
이와 같이 다름이 있음을 보느니라.

그러므로 세계에서
보는 것이 각각 차별하니
일체 여래와
큰 신선의 허물이 아니로다.

일체 모든 세계에서
마땅히 교화를 받을 이는
사람 중의 영웅을 항상 보나니
모든 부처님의 법이 이와 같도다.

이시   제보살   위문수사리보살언
爾時에 諸菩薩이 謂文殊師利菩薩言하사대

불자   아등소해   각자설이   유원인자
佛子야 我等所解를 各自說已로소니 唯願仁者는

이묘변재   연창여래   소유경계
以妙辯才로 演暢如來의 所有境界하소서

하등   시불경계   하등   시불경계인   하
何等이 是佛境界며 何等이 是佛境界因이며 何

등   시불경계도   하등   시불경계입   하
等이 是佛境界度며 何等이 是佛境界入이며 何

등   시불경계지   하등   시불경계법   하
等이 是佛境界智며 何等이 是佛境界法이며 何

등   시불경계설   하등   시불경계지   하
等이 是佛境界說이며 何等이 是佛境界知며 何

그때에 모든 보살들이 문수사리 보살에게 말씀하였다.

"불자여, 우리들이 아는 것을 각자 말씀드렸으니, 오직 원컨대 인자는 미묘한 변재로 여래의 소유하신 경계를 말씀해주소서.

어떤 것이 부처님의 경계이며, 어떤 것이 부처님 경계의 원인이며, 어떤 것이 부처님 경계의 제도함이며, 어떤 것이 부처님 경계의 들어감이며, 어떤 것이 부처님 경계의 지혜이며, 어떤 것이 부처님 경계의 법이며, 어떤 것이 부처님 경계의 말씀이며, 어떤 것이 부처님 경계

등 　시불경계증　 하등 　시불경계현　 하
等이 是佛境界證이며 何等이 是佛境界現이며 何

등 　시불경계광
等이 是佛境界廣이니잇고

시　문수사리보살　이송답왈
時에 文殊師利菩薩이 以頌答曰

여래심경계　　　기량등허공
如來深境界여　　　其量等虛空하시니

일체중생입　　　이실무소입
一切衆生入호대　　而實無所入이니라

의 앎이며, 어떤 것이 부처님 경계의 증득함이며, 어떤 것이 부처님 경계의 나타남이며, 어떤 것이 부처님 경계의 넓음입니까?"

그때에 문수사리 보살이 게송으로 답하여 말씀하였다.

여래의 깊은 경계여
그 양이 허공과 같으시니
일체 중생이 들어가되
실로 들어간 바가 없도다.

여래심경계
如來深境界의

소유승묘인
所有勝妙因은

억겁상선설
億劫常宣說하야도

역부불능진
亦復不能盡이니라

수기심지혜
隨其心智慧하야

유진함령익
誘進咸令益케하시니

여시도중생
如是度衆生이

제불지경계
諸佛之境界니라

세간제국토
世間諸國土에

일체개수입
一切皆隨入하사대

지신무유색
智身無有色하시니

비피소능견
非彼所能見이니라

여래의 깊은 경계의
있는 바 수승하고 미묘한 원인은
억겁 동안 항상 연설하여도
또한 다시 다할 수 없도다.

그 마음과 지혜를 따라서
나아가기를 권하여 다 이익케 하시니
이와 같이 중생들을 제도하심이
모든 부처님의 경계로다.

세간의 모든 국토에
일체를 다 따라서 들어가시지만
지혜의 몸은 색상이 없으시니
그들이 볼 수 있는 바가 아니로다.

제불지자재
諸佛智自在하사

삼세무소애
三世無所礙하시니

여시혜경계
如是慧境界가

평등여허공
平等如虛空이니라

법계중생계
法界衆生界가

구경무차별
究竟無差別을

일체실요지
一切悉了知하시니

차시여래경
此是如來境이니라

일체세간중
一切世間中에

소유제음성
所有諸音聲을

불지개수료
佛智皆隨了하사대

역무유분별
亦無有分別이니라

모든 부처님의 지혜가 자재하셔서
삼세에 걸리는 바가 없으시니
이와 같은 지혜의 경계가
평등하여 허공과 같도다.

법계와 중생계가
구경에 차별이 없음을
일체 모두 요달해 아시니
이것이 여래의 경계로다.

일체 세간 가운데에
있는 바 모든 음성을
부처님의 지혜로 다 따라 아시되
또한 분별이 없으시도다.

비 식 소 능 식
非識所能識이며

역 비 심 경 계
亦非心境界라

기 성 본 청 정
其性本清淨을

개 시 제 군 생
開示諸群生이시니라

비 업 비 번 뇌
非業非煩惱며

무 물 무 주 처
無物無住處며

무 조 무 소 행
無照無所行일새

평 등 행 세 간
平等行世間이시니라

일 체 중 생 심
一切衆生心이

보 재 삼 세 중
普在三世中이어늘

여 래 어 일 념
如來於一念에

일 체 실 명 달
一切悉明達이시니라

식으로 알 수 있는 것이 아니며

또한 마음의 경계도 아니니

그 성품이 본래 청정함을

모든 군생들에게 열어 보이시도다.

업도 아니고 번뇌도 아니며

사물도 없고 주처도 없으며

비춤도 없고 행할 것도 없어서

평등하게 세간에 행하시도다.

일체 중생의 마음이

삼세에 널리 있거늘

여래께서는 한 순간에

일체를 다 밝게 통달하시도다.

이시　차사바세계중　일체중생　소유법차
爾時에 此娑婆世界中에 一切衆生의 所有法差

별　업차별　세간차별　신차별　근차별
別과 業差別과 世間差別과 身差別과 根差別과

수생차별　지계과차별　범계과차별　국
受生差別과 持戒果差別과 犯戒果差別과 國

토과차별　이불신력　실개명현
土果差別을 以佛神力으로 悉皆明現하니라

여시동방백천억나유타　무수무량무변무
如是東方百千億那由他와 無數無量無邊無

등　불가수불가칭불가사불가량불가설　진
等과 不可數不可稱不可思不可量不可說인 盡

법계허공계일체세계중　소유중생　법차
法界虛空界一切世界中에 所有衆生의 法別

별　내지국토과차별　실이불신력고　분
別과 乃至國土果差別을 悉以佛神力故로 分

그때에 이 사바세계 가운데 일체 중생의 있는 바 법의 차별과 업의 차별과 세간의 차별과 몸의 차별과 근의 차별과 생을 받는 차별과 계를 지니는 과보의 차별과 계를 범하는 과보의 차별과 국토의 과보 차별이, 부처님의 위신력으로 모두 다 분명하게 나타났다.

이와 같이 동방의 백천억 나유타와 수없고, 한량없고, 가없고, 같음이 없고, 셀 수 없고, 일컬을 수 없고, 생각할 수 없고, 헤아릴 수 없고, 말할 수 없는, 온 법계 허공계의 일체 세계 가운데 있는 바 중생들의 법의 차별과 내지 국토의 과보 차별이, 모두 부처님의 위신

명현현
明顯現하시니 　南西北方과 　四維上下도 　亦復如

시
是하니라

〈大方廣佛華嚴經 卷第十三〉

력으로 분명하게 나타났다. 남방과 서방과 북방과 네 간방과 상방과 하방도 또한 다시 이와 같았다.

大方廣佛華嚴經

부록

- 대방광불화엄경 목차

- 간행사

대방광불화엄경
목차

大方廣佛華嚴經

부록

·

대방광불화엄경 목차

·

간행사

대방광불화엄경
목차

간 행 사

　귀의삼보 하옵고,

　『대방광불화엄경』의 수지 독송과 유통을 발원하면서 수미정사 불전연구원에서『독송본 한문·한글역 대방광불화엄경』과『사경본 한글역 대방광불화엄경』을 편찬하여 간행하게 되었습니다.

　『화엄경』은 우리나라에 전래된 이래 일찍부터 사경되고 주석·강설되어 왔으며 근현대에 이르러서는『화엄경』의 한글 번역과 연구도 부쩍 많이 이루어졌습니다. 그만큼『화엄경』이 우리 불자님들의 신행과 해탈에 큰 의지처가 되었던 것임을 알 수 있습니다.

　『화엄경』을 독송하고 사경하는 공덕은 설법 공덕과 함께 크게 강조되어 왔습니다. 그리하여 수미정사 불전연구원에서도『화엄경』(80권)을 독송하고 사경하는 데 도움이 되도록 한문 원문과 한글역을 함께 수록한 독송본과 한글역의 사경본『화엄경』간행불사를 발원하였습니다. 이『화엄경』간행불사에 뜻을 같이하여 적극 후원해주신 스님들과 재가 불자님들께 깊이 감사드립니다. 또한『화엄경』을 수지 독송할 수 있도록 경책의 모습으로 장엄해 주신 편집위원들과 담앤북스 출판사 관계자들께도 고마움을 표합니다.

　끝으로 이 불사의 원만 회향으로『화엄경』이 널리 유통되고, 온 법계에 부처님의 가피가 충만하시길 기원드립니다.

　나무 대방광불화엄경

불기 2564년 '부처님오신날'을 봉축하며
수미해주 합장

위태천신(동진보살)

수미해주 須彌海住

동국대학교 명예교수
중앙승가대학교 법인이사
대한불교조계종 수미정사 주지

독송본 한문·한글역
대방광불화엄경 제13권

| **초판 1쇄 발행**_ 2021년 4월 24일

| **엮은이**_ 수미해주
| **엮은곳**_ 수미정사 불전연구원
| **편집위원**_ 해주 수정 경진 선초 정천 석도 박보람 최원섭
| **편집보**_ 무이 무진 김지예

| **펴낸이**_ 오세룡
| **펴낸곳**_ 담앤북스
　　　　　 서울특별시 종로구 새문안로3길 23 경희궁의 아침 4단지 805호
　　　　　 대표전화 02)765-1251　전자우편 damnbooks@hanmail.net
　　　　　 출판등록 제300-2011-115호
| **ISBN**_ 979-11-6201-291-8　04220

정가 15,000원
ⓒ 수미해주 2021